獻給

安傑拉（Angela）、

家母郭朝陽（Chiow Yang Quek）女士

以及紀念先父陳秀添（Siew Thiam Tan）。

陳善養

獻給

南希（Nancy）及雙親約翰・奥伯格（John Ortberg）、

凱西・奥伯格（Kathy Hall Ortberg）

奥伯格

Caring

妥善處理抑鬱症

陳善養、奧伯格 著
明朗兒 譯

基道出版社

▼

Caring 系列

妥善處理抑鬱症

Coping with Depression

作者
陳善養 Siang-Yang Tan、
奧伯格 John Ortberg, Jr.

翻譯
明朗兒

責任編輯
何敏璇

裝幀設計
陳琦

■

出版／發行
基道出版社
香港沙田火炭坳背灣街26號富騰工業中心1011室
LOGOS PUBLISHERS
Unit 1011, Fo Tan Ind. Centre, 26 Au Pui Wan St., Shatin, Hong Kong
電話：(852) 2687-0331　傳真：(852) 2687-0281
網址：http://www.logos.com.hk

承印
海洋印務有限公司

●

8/2006 初版
Cat. No. LP752
ISBN-10: 962-457-314-X
ISBN-13: 978-962-457-314-5

刷次　10　9　8　7　6　5　4
年份　2017

致謝

我們謹此衷心答謝在出版本書第一版過程中，得到陳善養牧師在福樂神學院心理學研究院祕書羅思(Kim Roth)的協助，以及貝內爾(David Benner)博士、恩格爾(Paul Engle)、貝克(Baker)出版社的登博爾(Maria den Boer)支持與關心。在出版第二版的過程中，特別鳴謝陳善養牧師在福樂神學院的助理理夫．帕克(Simon Reeve-Parker)出色的工作與幫忙，以及貝克出版社的斯蒂芬森(Donald Stephenson)與溫格(Mary Wenger)的關心和支持。

我們也想向珍愛的兒女卡羅琳．陳(Carolyn Tan)、安德魯．陳(Andrew Tan)；勞拉．奧伯格(Laura Ortberg)、馬洛理．奧伯格(Mallory Ortberg)及約翰尼．奧伯格(Johnny Ortberg)表達謝意，他們的忍耐與愛心(還有打擾)使這次寫作更有價值，也讓我們遠離抑鬱！

最後，我們很想感謝神在我們一起寫作的過程中，施予幫助與祝福，並在彼此合作與禱告中，感謝神讓我們體驗到基督徒團契與屬靈方向的深度。我們深信(並為此禱告)這本書能為其讀者帶來真正的幫助與祝福。

目錄

1

抑鬱症概覽：
情緒生活的「流行性感冒」

他一帆風順。

他是全國知名的佈道家，定期跟最高權力核心周旋。他的事工廣受同輩甚至其他傳統宗教的領袖認同。他的工作面對嚴峻挑戰，有時候是來自甚有權力的反對者，可是，不知何故他總是繼續工作。大家對其個人誠信從不置疑。他的屬靈生命從無瑕疵，至少從一切迹象來看確是如此。他看到禱告蒙應允，當中不乏神蹟奇事的。他的道德品格沒有被醜聞玷污。他不僅有遠距離的仰慕者，還能夠與人建立親密的個人關係，與事工伙伴建立緊密的關係。他表達主見的技巧與正面對抗的意志也享有盛名。他剛剛經歷了事工非常成功的時刻，正值事業高峯。

而他卻抑鬱。

他不僅退出了事工，還迴避所有關係。他喪失了幹勁和推動力，情況遠遠超過一般耗盡心力的界限；他甚至不再有能力跟其他人有任何情緒上的聯繫。他的感知能力扭曲；真心相信他自己和自己所做的一切，完全缺乏救贖的價值。他感到被孤立、遺棄，認定無人支持自己的終生事業。他處於疲乏的狀態：胃口和睡眠模式陷入混亂；心情極度低落：非常自責，以為自己不再為生命帶來顯著的貢獻。他被恐懼和無望感佔據著。事實上，他的生存意志被大量侵蝕掉，他想尋死。

他的名字叫以利亞。

聖經大幅度鮮明地描述抑鬱和絕望的景況：以利亞祈求神取去自己的生命。約拿知道神沒有按曾經宣講的預言毀滅尼尼微城，感到非常沮喪；他獨坐在城外，僅靠躲在生來為他蔽蔭的蓖麻下而得安慰。蓖麻凋謝，約拿的總結是：「我死去比活著更好。」耶利米於出生那天慟哭。約伯的妻子叫他去「咒詛神，去死吧」，從不曾叫他振作起來。

抑鬱症最大的奧祕在於它好像是一視同仁的。一些看來擁有一切的幸運兒——事業有成、魅力過人、財富穩健——他們跟那些在成功階梯底部的基層人士——也有同樣的患病機會。國王、皇后、行政總裁與奴隸、停車場服務員同病相憐，皆會被抑鬱症所折磨。抑鬱症是擁護平等機會的雇主。沒有人會問抑鬱症到底是甚麼，因為我們都在不同程度上領略過它的滋味。斯托爾 (Anthony Storr) 寫過：「抑鬱症是每一個人的部分經驗」。[1]

前英國首相邱吉爾 (Winston Churchill) 曾力戰抑鬱症。艾絲桂芙 (Violet Asquith) 記錄了與他初次見面的經過，或多或少捕捉到邱吉爾的抑鬱症及其抗鬱的力量。晚飯開始後的一個小時內，邱吉爾沒有說話，儘管她就坐在他旁邊。他說的第一句話是問及她的年齡的，當她回答後，邱吉爾略帶失望的說：「我已經三十二了。」然後帶點對抗的意味說：「但比任何有價值的人都要老。」繼而痛罵：「咒詛無情歲月，咒詛我們的道德，我們得要擠進那短得殘酷的人生。我們是蠕蟲，全都是蠕蟲。我可真的相信自己是螢火蟲」。[2]

美國第十六任總統林肯 (Abraham Lincoln) 嘗透多回的所謂「愁緒」(melancholy)，曾痛苦得幾乎想自殺。有次極度沮喪，他寫信給朋友：「我現在是活得最悲慘的人。如果把我所感受到的平均分給全人類，沒有一張愉快的臉孔會出現在地球上。自己是否將會好些，我不曉得；我很有預感不會好的了。我這麼樣生存下去是不可能的；我要不是死，便是好些來，我是這樣覺得」。[3]

美國第六任總統亞當斯 (John Quincy Adams) 曾經寫過，在他年輕的時候，顯然缺乏了一些可讓他在世上賴以成功的東西。作為老頭子，他不能回首往昔生命中個別的片段而視之為其顯赫成就，他感到自己的存在是失敗——縱然他辦理公務出色，曾出任大使、國會議員、國務卿和總統。[4]

創作人也不例外。其實，斯托爾認為，作家和藝術家比起其他普羅大眾，更加容易患上抑鬱症。

女詩人帕克 (Dorothy Parker) 多次自殺不遂，某趟獲救後留院。患有抑鬱症的滑稽演員及作家班奇勒 (Robert Benchley) 寫信給她：「如果你不停止這種事情，將會嚴重損害你自己的健康。」

甚至，在小說出現的虛構人物也很脆弱。福爾摩斯 (Sherlock Holmes) 曾嘗試利用可卡因，自我治療多次發作的抑鬱症，至少當他剛出道的時候已經是這樣。

到底甚麼是抑鬱症？最早起碼在四千年前已有文字記載。[5]爵士樂大師岩士唐 (Louis Armstrong) 曾被認為這樣解釋過「藍調」音樂 (blues；譯按：也解作「憂鬱、沮喪」)：「你一定要問的話，便永遠不曉得」。抑鬱症——真正的藍色憂鬱，大概也是這樣。沒有人能憑單一的徵狀，便可界定是否患有抑鬱症。還有，要把普通的、一般的不愉快情緒，跟臨牀診斷的抑鬱症分辨開來總不容易。事實上，一些人有時候在抑鬱症**轉好**的時候，內心的悲傷感反倒更重。

想一想**抑鬱症**這個術語，我們平日怎樣照字面理解它(譬如說，壓下控制桿)。要抑壓一些東西，就是把它從較高的程度移到較低的程度。這種由高點滑落到低處的移動，說明了心理學上的抑鬱症滋味：精力下降、自尊減低、情緒低落，一般來說就是對生活失去昔日的嚮往。其實，只要問一問抑鬱症患者有甚麼感覺，他們很可能會回應你：「低落」。

抑鬱的時候，人會發覺自己是為著掙多點兒幹勁搏鬥。食物看來失去味道，一向使你精神抖擻的任務和關係，現在令你覺得勁兒盡失，不值得你花工夫去處理，你彷彿很難在這天熬過去。那些如聽電話、寫信的簡單任務，也使你覺得需要有超人的力量才辦得到。看電視幾乎是你最能實現的抱負——如果這抱負只有像下牀那麼遠大的話。

你跟自己說要重新振作。你提醒自己，自己有很多事情值得感恩，世界上還有更多比自己糟糕的人。你決定明天會回復舊我。但明天來到，仍是一成不變。

真正的抑鬱症是不能靠意志行為撐走。

雖然很難用三言兩語來完全說明抑鬱症，但是，抑鬱症一般還是能夠獲得有效的診斷。倘若你(還)不曾患過此症的話，可留意以下對抑鬱症徵狀典型的描述(包括以下部分或所有典型的徵狀)：[6]

1. 心情沮喪
2. 生活情趣減低
3. 食欲不振
4. 有自殺傾向
5. 集中注意力降低
6. 精力消退
7. 失眠或嗜睡 (hypersomnia)
8. 減低對自我價值或自身福樂的感覺
9. 身心機能遲緩 (psychomotor retardation)

(當然，只可由註冊專業人士才可恰當地確切診斷出抑鬱症。)

抑鬱症具有不斷盤旋加劇的特質，好像會養大自己那樣似的。許多抑鬱症患者由於自己憂鬱的事實而覺得內疚。這對基督徒而言也是很真實的，有時候他們會以為這是缺乏信心的徵兆，而只要自己像「正常」的基督徒那樣有信心，便不會抑鬱了。當然，這種罪咎感不能帶來推動和加增力量而改變抑鬱的人，倒使他們更加沮喪。

到底情況有多壞？

根據美國國家精神健康組織 (National Institute of Mental

Health；簡稱NIMH）一九九九年的資料，估計抑鬱症每年影響一千九百萬名美國人。[7]塞利格曼（Martin Seligman）博士估計有百分之二十五的美國人在一生中，總會經歷一次輕微但「正常」的抑鬱。[8]在心理衛生界中，傳統以來把抑鬱症叫做「情緒生活的流行性感冒」，它是十分普遍的。

若以缺席、遲滯、一般減低的生產力等表現來計算，抑鬱症也是相當昂貴的。事實上，美國國家精神健康組織於一九九九年估計，美國每年花費在抑鬱症的成本超過三百億美元。

可是，金錢上的損失跟人類受苦的代價相比，就顯得微不足道。失去人命的代價很難計算。估計患上抑鬱症患者中有百分之十五的人自行結束生命。

有些人患上抑鬱症的風險比其他人高。從歷史來看，抑鬱症被視為女性的問題尤甚於男性。多項社區調查及治療計劃估計，女性被抑鬱症困擾的數字是男性的二至六倍。然而，根據最近的一項調查，訪問了二萬三千名病人與五百名醫生，結果顯示了一些改變。首先，心理學家發現，在男性病人身上出現的抑鬱症，有三分之二的時間是未能確認的（相比之下，出現在女性病人身上的而未能給確認的時間則是二分之一）。還有，當抑鬱的時候，男性抗拒看醫生的人數是女性的兩倍；而且，醫生從男性病人診斷出抑鬱症的機會比女性似乎更少（根據《帕薩迪那星報》〔*Pasadena Star News*〕一九九一年十二月二十三日的報導，原刊載於《心理評估》〔*Psychological Assessment*〕）。

雖然診斷男性病人有誤差，抑鬱症仍是較普遍發生在女性身上。部分原因可能是由荷爾蒙引起的因素，例如產後（Postpartum）及經期前抑鬱症（premenstrual depression）等。這現象亦反映社會經濟因素，譬如說，女性承受較大的財政壓力（摘自《帕薩迪那星報》一九九一年十二月二十三日的報導，由康奈爾大學〔Cornell University〕醫學中心的樂曼〔Gerald L. Klerman〕博士發表）。

分居或離婚人士比已婚或一直處於單身的人更普遍患上抑鬱症。社會經濟地位較低的人也會較易被抑鬱症侵襲。

抑鬱症上升的趨勢

抑鬱症的情況似乎每況愈下（這件事本身也叫人抑鬱）。過去三十年出生的人，他們患上抑鬱症的可能性，比起較早年代出生的人高出三至十倍。美國國家精神健康組織一位研究員注意到，抑鬱症多在人最有生產力的年歲時來襲，那正好是他們要養育年幼孩子、努力發展事業的階段（《洛杉磯時報》〔*Los Angeles Times*〕，一九八八年十月九日第一部分，頁34）。

一項研究訪問了超過九千人，調查他們是否曾經經驗抑鬱症的病徵。研究員先以常理假設：人活得愈久，便愈有可能經歷抑鬱症。他們發現年齡介乎二十至二十五歲的人，有百分之五至六的機會曾經抑鬱；而那些年齡介乎二十五至四十四歲的人，一如所料，似乎更容易抑鬱——有百分之八至九的機會。可是，他們驚訝地發現，在一九二五年前出生的人，只有百分之四的可能性曾經抑鬱——縱使他們多活的歲月使他們有更大的「機遇之窗」，而第一次世界大戰前出生的人，僅有百分之一的機會患上抑鬱(《洛杉磯時報》，一九八八年十月九日第一部分，頁34)。

最近，羅斯(J. Ross)更提出，[9]自一九九○年，美國成年人忍受抑鬱和焦慮是以往的三倍，而每十名兒童中，至少有一名被明顯的情緒紊亂所折磨。她亦指出，情緒問題正急劇增加，到了二○二○年，它會超越愛滋病、暴力問題及各種意外，成為早夭與殘障的主要原因。

這便引起我們對自己文化的質問：究竟是甚麼東西影響著我們，使人面對抑鬱症時變得那麼脆弱。塞利格曼博士曾在這方面進行深入研究和寫作，他深信抑鬱症上升至如此流行的地步，是跟整個社會趨勢十分有關的。美國人失去對社羣的觀念；隨著離婚數字增加而不再家庭團結；六十年代政治暗殺行動與七十年代的水門(Watergate)事件，令美國人對一些如政府等機關失掉信心，以上一切的失落使人寧可依靠自己的意願生活，這些過去的文化傳統不足以指引他們的生命。他把這種屬靈貧乏的現象稱為「加州本相」。(為甚麼大家總愛挑加州來說，這個我們可不大清楚。從來沒有人指斥為「愛達荷州本相」或「北達科他州本相」，但反正每個加州人都是來自其他州。)「人可以在哪裏找著身分、滿足感和希望呢？」塞利格曼博士幾年前在美國心理學會(American Psychological Association)的演說時曾提及此問題。「其實是在非常微小而意志薄弱的個體：那就是自己。」

「的確，給予意義的必然條件——確實不夠充分——是依附於比你自己更宏大的東西。如今，年輕人難以認真對待與神的關係，不易關心與國家的關係，很難成為維繫持久的大家庭成員，他們要覓得生命的意義也非常艱難。人自己本身，換句話說，是給予意義的爛攤子」。[10]

教會固然不是為「預防抑鬱症」作為首要的存在形式。但是，當我們愈著迷於個人主義，便愈離開神賜予人對社羣和親密關係的呼召愈遠，我們也就更加容易陷入一些如抑鬱症的情緒問題，這似乎是值得我們關注的。社會對待生活的態度無法有效餵養人的靈魂。本書的較後篇章會討論，怎樣能使用教會成為處理抑鬱症的「醫治社羣」(還有教會被呼召的其他任務)。

不僅抑鬱症數字正在上升；一些研究員發現，跟早些年代的人相比起來，現在的人於更年幼的時候便抑鬱了。抑鬱症能夠在一生的任何時刻中發作，包括早期童年，儘管發生在成年人身上仍是最普遍。有一項研究顯示，在三十年代出生的人平均在三十至三十五歲才首次出現抑鬱症；而五十年代中期出生的人，則是二十至二十五歲便有可能患上抑鬱症。[11]

根據位於亞特蘭大的疾病控制中心 (Centers for Disease Control；簡稱CDC)，十多歲的青年自殺率在過去四十年增加了四倍(《洛杉磯時報》，一九九一年十一月二十七日，E2)。在最近的十二個月裏，疾病控制中心估計美國有三百六十萬學生曾考慮自殺；有二百三十萬曾計劃輕生，而大約有一百萬名學生真的嘗試自殺。當中有二十七萬六千人受傷的情況，必須接受醫治。

可是，豈只統計資料顯示了美國社會的抑鬱症概況。想一想，有一本名為《最後出路》(*Final Exit*) 的書，那是過去十年其中一本暢銷的自殺「指南」書。

基督徒也不能倖免。縱使大家偶爾會發現，一些教會或屬靈領袖會認為堅定的屬靈委身應該是對抗抑鬱症的預防措施，然而，研究調查發現，在「信仰」與「非信仰」的羣體中，普遍找不到這兩羣成員患上抑鬱症的脆弱程度有顯著分別。心理學家哈特 (Archibald Hart) 博士估計在一間典型的教會中，起碼有百分之五的會眾，在某一段期間經歷明顯的抑鬱症。抑鬱症猶如雨水，降臨到義人和惡人的身上。

試看伊娃的情況。她參與教會三十年，奮力保持正確的形像，確保向教會各人展示她一切無礙。每逢星期日早上，她會戴上「教會臉孔」才步出家門。但多數人都不曉得，她跟抑鬱症對抗經年，平日勉強應付工作，覺得完全沒有幹勁，屬靈生命一敗塗地。她在藥櫃裏放了一瓶安眠藥，以備一天自己有勇氣把藥全都吞下。

她無法冒險向肢體完全透露個人的難處，因為這樣做會把自己歸入二流信徒的位置。她接收到一般認同的信息是：抑鬱症是缺乏信心的結果；成熟的信徒是免疫的；真正屬靈人能輕易挑「優質選擇」，免受抑鬱；以及抑鬱症是劣等禱告生活的證據。抑鬱症的複雜成因至今仍未被確實——譬如說，有可能是由於先天遺傳。於是，教會淪為抑鬱症的隱藏窩，並不能成為醫治人的地方。

或者讓伊娃知道，歷代以來，也有像馬丁路德 (Martin Luther) 的神學家及司布真 (Charles Spurgeon) 的傳道人等信心偉人如她一般對抗抑鬱症，她會感到好一點。英國十八世紀福音復興時期的詩人及聖詩作家顧伯 (William

Cowper）慘受抑鬱症折磨，多年留在精神病院中，最後鬱鬱而終——即使他盡力在信仰中站穩——亦活在自己被譴責的信念之下。也許，他最出名的詩歌是：「上帝成就萬般神蹟，行動奧妙神奇」（摘自《主意奧妙歌》〔*God Moves in a Mysterious Way*〕，根據《普天頌讚》修正本。香港：基督教文藝出版社，1977，第430首）。他是在第二次嘗試自殺前撰寫這句歌詞。[12]

有信仰與沒有信仰人口之間的抑鬱症病發率縱有相似，但是也有值得注意的例外情況。精神病學家艾姬蘭（Janice Egeland）博士曾研究賓夕法尼亞州蘭開斯特（Lancaster）郡的亞米許人（Amish），發現只有五分之一至十分之一人口患上沒有躁狂的抑鬱症，其普遍情況跟美國其他地方的結果是相若的。這些被隔離的次文化人口成員患上抑鬱症的數字如此低，這件事實使人想到，文化潮流對抑鬱症日漸盛行於美國的貢獻是多麼大。

抑鬱症雖然從不令人愉快，但它也不一定總是具破壞性，這也是值得我們關注的。吉慈（Emmy Gut）曾發表過，無論如何最好不要把抑鬱症看作疾病而設法避開它。最好視它為有收穫或沒有收穫的過程。她所稱的「基本的抑鬱反應」（basic depressed response），是人把精力從外在世界撤走後轉入內心的表現。抑鬱症可以是有目標的反應，其目標是幫助人解開那些阻礙他們保持有效運作的內在死結；死結解開後，人得以繼續向前，抑鬱症於是帶來收穫。「我提及『有收穫的抑鬱症』是在抑鬱時期結束後，有證據可見……得著一些有用的學習、人成熟了、某些行為被改變過來、一些計劃給修定過，隨著抑鬱階段過去，我們更有效地生活和達到某些目標，或定下更符合現實的目標」。[13]

這種看法可連繫到某些作者所指屬靈生命的「靈魂的黑夜」，往後我們還會討論。抑鬱症——雖然並不叫人愉快——可以在人類發展的過程中起著重要的作用，這是我們現在要注意的重點。

抑鬱症使人類悲傷萬分，苦惱不堪。可是我們仍有希望。研究顯示，超過百分之八十的抑鬱症患者，藉著適當的治療而得到幫助。[14]新一代的藥物——若經醫生正確開配處方及嚴格監管——可幫助數以百萬在過去數十年陷入情緒癱瘓的人。

除此以外，我們今天比以前更了解抑鬱症的多項成因。在人的想法與感受之間有緊扣的連結；而行為模式與個人感受也同樣另有緊扣的連結。了解和學習有效運用這些連結的關係，是對抗抑鬱症的強力武器。本書的主旨就是要幫助你發現和使用這些武器。

另一方面，如果你覺得自己已經嘗試過一切解決方法，順帶一提，在美國東岸開始流行藉著購物來對抗抑鬱症的運動，名叫「零售治療」。羅柏機構 (Roper Organization) 最近的一項民意調查發現，受訪者認為在紓緩不快感覺為旨的活動中，購物在榜上高踞前三甲(《洛杉磯時報》，一九九一年十一月一日，E 7)。購物不僅帶來樂趣，它還能刺激經濟，同時打擊心理上的抑鬱症與財政上的不景氣。

註釋：

1. Anthony Storr, *Solitude: A Return to the Self* (New York: Ballantine, 1988), p. 143.
2. W. Manchester, *The Last Lion: Winston Spencer Churchill* (New York: Dell, 1983), p. 367.
3. B. Thomas, *Abraham Lincoln* (New York: Knopf, 1952), p. 72.
4. P. Nagel, *Descent from Glory* (New York: Oxford University Press, 1983).
5. D. Papolos and J. Papolos, *Overcoming Depression.* Rev. ed. (New York: Harper Perennial, 1992).
6. D. Papolos and J. Papolos, *Overcoming Depression.* Rev. ed. (New York: Harper Perennial, 1992).
7. National Institute of Mental Health (NIMH), *The Numbers Count* (NIH Publication No. NIH 99~4584), 1999. Online available: http://www.NIMH.NIH.gov/publicat/members.CFM
8. M. E. P. Seligman, *Learned Optimism* (New York: Knopf, 1990).
9. J. Ross, *The Mood Cure* (New York: Viking, 2002), p. 4.
10. J. Buie, "Me" decades generate depression. *American Psychological Association Monitor* (October): 18, 1988.
11. J. Buie, "Me" decades generate depression. *American Psychological Association Monitor* (October): 18, 1988.
12. V. S. Owens, The dark side of grace. *Christianity Today*, (July): 32~35, 1993.
13. E. Gut, *Productive and Unproductive Depression: Success or Failure of a Vital Process* (New York: Basic, 1989), pp. 11~12.
14. D. A. Regier, R. D. A. Hirschfeld, F. K. Goodwin, J. D. Burke Jr., J. B. Lazar, and L. L. Judd. The NIMH depression awareness, recognition, and treatment program: Structure, aims, and scientific basis. *American Journal of Psychiatry* 145: 1351~1357, 1988.

2

理解抑鬱症

抑鬱的情緒可能是美國今天最普遍的徵狀，這點前文已經談及，所以抑鬱症通常被稱為精神上或情緒生活中的流行性感冒。[1]美國心理學會的「國立研究女性與抑鬱症專門小組」(National Task Force on Women and Depression) 在最後報告中指出，[2]林林總總的抑鬱症是在美國最嚴重和最多人患上的精神失調疾病之一，曾經影響了約百分之二十人口一生中的某個時刻，而女性患抑鬱症的機會則接近男性的兩倍 (即重鬱症〔major depression〕與輕鬱症〔dysthymia〕，並**不**包括雙極化情緒病〔bipolar disorder〕或躁鬱症〔manic-depressive disorder〕)。

更具體來說，重鬱症屬於一種主要臨牀確診的抑鬱症，是美國成年人最頻密診治的精神科疾病，女性的終生患病率 (lifetime prevalence rates) 是百分之二十至二十五，而男性是百分之九至十二，或若以時點患病率 (point prevalence rates) 計算，女性是百分之六，男性是百分之三。[3]美國國家精神健康組織最近提出，美國有超過一千九百萬成年人，每年經歷過某一類型或模式的抑鬱症。事實上，抑鬱症是使人失去能力的主要原因，每年用在其上的有關成本達三百億美元以上。

抑鬱症亦增加患上心臟病的風險，也是最常見又最顯著引致中風、癌症和糖尿病的成因。[4]

雙極化情緒病（前稱「躁鬱症」）近年來日益受到注視，患者會有極端的情緒劇變或起伏，將來亦容易再度發作。據估計，大約百分之一點五的成人曾患典型的雙極化情緒病，此症對兩性的影響一樣，但把這種情緒病旁下的支類也計算在內的話，患病率會高至百分之五[5]或甚至是百分之六點五。[6]

麥格拉思（Ellen McGrath）博士曾出版一本自助書籍，書中內容揭示女性怎樣把「健康」的抑鬱症轉化為成長與能力的新來源。[7]雖然如此，**抑鬱症**這個專用名詞還可指稱不同類型的抑鬱症，所以也包含了很多意義。為了讓你能夠進一步幫助自己或幫助其他在教會和社區裏的抑鬱症患者，你必須更了解抑鬱症的底蘊。這是非常重要，因為不同類型的抑鬱症需要不同的治療或介入。

抑鬱症的類型

抑鬱症不是單一元或只有同一種類的。其實它是有異種的，因不同危險因素而引致抑鬱症的**迥異**類型或種類。抑鬱症不僅是一個由「憂鬱情緒」演變成重鬱的或嚴重的抑鬱症，繼而導致自殺的漸進過程。[8]我們首先必須明白抑鬱症的主要類型或種類。

臨牀確診的抑鬱症，作為心理或精神科的疾病，是有別於短暫情緒波動或我們都不時有的所謂正常的憂鬱——掠過一陣子、幾分鐘至頂多幾天的憂愁、失望和挫敗。經過臨牀診斷的抑鬱症，情況是更嚴重的，維持數星期或數個月，甚至可能數以年計。

在討論抑鬱症的主要類型之前，先回顧它的主要徵狀，會有助我們理解抑鬱症。哈特博士在他的實用著作《輔導抑鬱人》(*Counseling the Depressed*)[9]列舉了下列徵狀：一、**心情** (mood) —— 不開心、悲傷、「藍色憂鬱」或情緒低落；二、**思想** (thought) —— 負面、消極想法，充滿罪咎感、自我埋怨、缺乏動力，有集中注意困難和記憶的困難，一些嚴重的抑鬱症患者更會萌生自殺的念頭；三、**行為** (behavior) —— 經常缺乏精力，遲緩、呆滯、不時忽略個人外表或甚至激動不安；四、**身體** (physical) —— 好些身體的毛病出現，如失去胃口及／或性欲，睡不好或睡太多，體重減輕；五、**焦慮** (anxiety) —— 雖然覺得情緒低落或傷感是抑鬱症的主要情緒特徵，焦慮、恐懼、緊張、多疑、猶疑不決也可能會出現。

以上徵狀適用於各類抑鬱症的模式，可是對於**雙極化情緒病**或躁鬱症的情況，抑鬱陣發期跟躁狂或情緒高昂及過多精力與行為的興奮陣發期輪流交替(如果這些表現比不上爆發〔full-blown〕的暴躁般嚴重，這類情緒病名為輕躁狂〔hypomania〕)。巴寶路斯 (Demitri Papolos) 博士與他的太太賈尼絲 (Janice Papolos) 曾為抑鬱症、躁鬱症 (即雙極化情緒病) 病人與其家屬寫過一本出色的參考書，[10]最近他們再次修訂和更新該書內容。[11] 他們指出，情緒病的單極化 (unipolar) 模式 (即抑鬱症) 比雙極化模式更普遍，可能有三分之二情緒病患者只有抑鬱症而已。然而，百分之十至十五的患者曾經歷一次或更多次抑鬱階段，他們亦會於日後產生輕躁狂或躁鬱階段，這些患者會因此再被分類為雙極化情緒病或躁鬱症病人。

根據巴寶路斯博士與賈尼絲，描述以下輕躁狂的陣發期或躁鬱狀態更嚴重的徵狀：[12]一、持續「高漲」(欣快症似的〔euphoric〕)、急躁(煩躁不安〔dysphoric〕)或激動的情緒；二、情緒有顯著的轉移；三、需要較少睡眠；四、胃口、飲食失調；五、增加活動、社交能力或性欲；六、説話急速，帶有壓力；七、思維模式急變而令別人難以跟隨，思想紊亂不定；八、失去判斷力與自控能力；九、行為衝動魯莽，尤其過度消費；十、對自己和個人能力有誇張的、失實的念頭；十一、有妄想、精神病的思想，尤其是偏執 (paranoid) 類型的情況(於躁鬱狀態)。

《精神病診斷與統計手冊》第四版 *(Diagnostic and Statistical Manual of Mental Disorders*；簡稱為 *DSM-IV*) [13] 或較新的版本[14]區分了五種主要情緒病類別：抑鬱症 (depressive disorder) 、雙極化情緒病、一般的醫療狀況引致的情緒病、物質誘發的情緒病、不另區分的情緒病。本書主要集中討論抑鬱症，其次是雙極化情緒病。

抑鬱症

要診斷出**重鬱症**，必須有一次或以上的重鬱階段。換句話説，抑鬱症患者一定曾經至少有兩個星期是心情抑鬱(或就小孩及少年的個案而言，是易怒的情緒)，或對大多數活動覺得乏味，以及起碼有下面任何四項徵狀(假如徵狀包括抑鬱的情緒和失去興趣或樂趣，具三項徵狀便足以界定為重鬱症)：一、沒有節食而體重顯著下降，體重增加或胃口改變；二、失眠或嗜睡；

三、動作遲緩或激動不安；四、精力減低或疲倦；五、感覺無價值，或有不恰當或過多的罪咎感；六、遲疑不決或集中注意力減低；七、死亡或自殺念頭循環不息。這些徵狀(第二至第六項)必須是幾乎每天都發生的。

較溫和的抑鬱症稱為**輕鬱症**。輕鬱症的徵狀，嚴重程度不足以符合重鬱症的標準，而患者維持抑鬱情緒的日子，則不少於兩年。其他有關抑鬱的情緒病類別還有**不另區分的抑鬱症**(譯按：輕鬱症另有其他名稱，例如：慢性抑鬱症〔chronic depression〕、輕度憂鬱症〔low-grade depression〕、憂鬱性精神官能症〔depressive neurosis〕、精神官能型憂鬱症〔neurotic depression〕、長期煩躁〔chronic discontent〕)。

雙極化情緒病

《精神病診斷與統計手冊》第四版把雙極化情緒病分為四種類別：雙極化情緒病一型、雙極化情緒病二型(重鬱階段與輕度躁狂〔hypomanic〕階段循環交替)、循環型情緒病(cyclothymic disorder)、不另區分的雙極化情緒病。

確診**雙極化情緒病一型**必須有：一、一次或以上**躁狂階段**，而患者覺得亢奮、極端「高漲」、極度興奮或不尋常地易怒，又愛惹麻煩，不能正常工作或上學，或甚至要留院醫治；二、**躁狂階段**至少有以下三項徵狀：過分自信或甚至自誇、比平常需要更少睡眠、不能停止說話、思想紊亂不穩、容易分心、社交或性交更活躍，工作或上課比平日更有效，或很多時候覺得激動不安；追求歡愉而不顧後果(譬如說，超出自己的能力購物，或跟陌生人發生不安全的性行為）；三、如前所提及的**重鬱症**，有一次或以上的**抑鬱階段**。

至於**雙極化情緒病二型**，必須有：一、如上文所提及的重鬱症情況，有一次或以上的抑鬱階段；以及二、有一次或以上輕度躁狂階段，跟躁鬱階段相似，但沒有那麼具破壞力或嚴重。

循環型情緒病必須有：不可預期的情緒波動，但不及躁狂階段的「高漲」及沒有重鬱階段的「低落」兩者那麼嚴重；二、因為有不穩定的情緒，雖然這些情緒本身沒有引起重大問題，但是患者仍會減少生產力和可信賴性。[15]

哈特博士指出，由於抑鬱症有許多**類型**，把它想像為「光譜」般的情緒病會更正確。雖然抑鬱症本身極為複雜，他提出把抑鬱症看為以下三項**要點**或**意義**的結合，會對我們有所幫助：[16]一、可以是某些疾病的**徵狀**（例如：抑鬱症可以是嚴重疾病或感冒的副作用）；二、可以是對親人離世、失業等人生不如意事的**反應**（即**對外反應**的抑鬱症）；三、可以是隱藏的或身體原有的**疾病**或**失調**（例如：由於體內的生化系統失調，擾亂了心理平衡或平靜的心情）。哈特博士曾撰寫一本非常有用的書籍，內容指出如何使抑鬱症成為具有醫治作用的情緒，只要你學習到跟抑鬱症合作的話。[17]

抑鬱症成因

引致抑鬱症的可能成因有很多，根據各自的理論觀點和抑鬱症分類模式，不同的作者會側重不同的病因。以下概括了抑鬱症的主要可能成因。

身體因素

缺乏睡眠和運動、飲食或營養不良、[18]工作過量、疲憊不堪或某類身體疾病／條件（例如：甲狀腺機能減退〔hypothyroidism〕或不活躍甲狀腺）均可導致抑鬱症。產後抑鬱症可說是生孩子後的憂鬱藍調，是身體或生理因素（跟孩子出生及其後果有關）引起抑鬱症的具體例子。產後抑鬱症顯然是孩子出生後最普遍的後遺症，每十名母親便有一位受到影響。[19]其他自然等因素的例子，諸如天氣及其對人體生理系統的影響亦會令人沮喪，在冬天出現的急性抑鬱徵狀，稱為「季節性情感失調」(seasonal affective disorder 或簡稱SAD）。此症在八十年代初獲得確定，徵狀除了沮喪之外，還有暴食、對碳水化合物的渴求、體重和睡眠均增加，尤其是在早上的時候。季節性情感失調影響了美國人口百分之五至六，接受光線照射是有效而自然的療法。[20]精神科醫生偉保（Peter Whybrow）博士提出，潛伏的季節性情感失調徵狀及在嚴冬時期（在美國通常是十月至三月）覺得自己肥胖、悲慘、沮喪等其他感覺出現，是由於人體內存的「冬眠反應」。他描述了許多可行的治療方法，包括光線療法（phototherapy）或暴露於充足明亮光線之下，例如：人造陽光以及抗冬眠食療。[21]

脆弱的性情（或稱「易患抑鬱症的個性」）

夫拉奇（Frederic Flach）博士認為容易患上抑鬱症的人，有以下性情上的脆弱（vulnerability）或感病性（susceptibility）：

> 善感的人會因失去而變得脆弱……如果某人在成長期經歷重大損失(例如：父母離世)，他患上抑鬱症的機會便會增加。善感的人亦是盡責可靠，道德情操高尚——他們很快會覺得內疚，無論理據是否充分。他可能是雄心萬丈，精力充沛，有正常的競爭力。雖然他傾向顧念自己，但還是會關心別人，有時候還會嫌他過分關心，他也可能太過小心翼翼，以免不為意會傷害到別人的感受。他傾向投入於深厚的關係(有時更是難以自拔的)，也非常倚賴他所愛的人。他也很固執——對於降低自尊的所有事情(在他自己眼中或其他人眼中)，一概非常敏感。被拒絕……尤其痛苦……他對自制與控制環境有很強烈的需要。他很難管理自己的敵視行為——可能甚至不察覺自己的怒氣存在，在自我防禦的時候，難以協調情緒，甚至當時是無可非議或是必須的狀況下。[22]

雖然以上的描述頗為普遍，且並不適用於所有人；但對於一些較脆弱或易於抑鬱的人來說卻是有幫助的，他們因而需要採取特別的步驟，避免遇上產生抑鬱症的潛在情況或各種關係。

罪

有些時候或機會，抑鬱症是個人生命中犯罪的結果，但是這**並非**表示，所有抑鬱症都是由於個人的罪而形成。一些可能造成抑鬱症的犯罪原因包括：負面、犯罪的態度或感受，例如：苦毒、憤怨、憎恨；對於現有的犯罪行為及態度，知罪而不悔改；退避或遠離主耶穌及祂的話語；懼怕將來，不相信神是充足的供應者；一般來說就是懷疑信仰。

從神而來的試煉

困難、痛苦和具壓力的試煉與掙扎可以引起抑鬱症。雖然如此，這些從神而來的試煉是有意義的，是用來修剪我們、潔淨我們，叫我們可以結出更豐碩的果子(約十五2；彼前一6～7)。有人這樣說：「神試煉我們，是要我們生出善來，而撒但引誘我們，是要勾出我們邪惡或最壞的一面」。

魔鬼的攻擊

撒但與牠的邪惡力量能夠攻擊和壓迫人類，使我們覺得沮喪與苦惱(參看弗六11～12；彼前五8～9)。

孤單感

有時候，孤單感被界定為人類對愛的恐懼或被拒絕的恐懼。假如這種恐懼或孤單感使人從極度需要的團契關係中，及與朋友和其他人的互動關係中退出，結果可能會導致抑鬱症。

誘發病情的情況

許多情況會觸發抑鬱症或抑鬱的反應：一、羞辱、拒絕或失敗；二、失去——尤其是摯愛的人或物；三、生活壓力與改變，尤其在短時間內的情況下，來得太多或太快；四、生活模式中，缺乏正面的、鞏固力量的或有回報的事情；五、對成功的反應（在可能叫人繁重、感到壓力的成功或建立成就的特殊經驗**以後**，或有時候剛在發生這些事件**之前**，抑鬱症也會發作）；六、在不可控制的情況下認識到無助感，或藉著許多經驗學習到人的回應也改不了結果，這些經歷使人變得被動和抑鬱。[23]塞利格曼博士在他的全美暢銷書中解釋，人如何可以藉著從學習得來的樂觀態度（而不是無助感），來改變自己的心情與生命。[24]

非理性、不合乎聖經教導的自我對話或錯誤的信仰見解

多位認知學派治療師，諸如貝克（Aaron Beck）博士和埃利斯（Albert Ellis）博士均強調，其實**不是**誘發病情的情況本身（例如：拒絕或失敗）帶來抑鬱症，而是人的**思想態度**或**自我對話**（隱藏的信念、期望、對事件／情況的詮釋、意義等各方面）回應這些引發情緒狀態——像抑鬱症——的情況。完美主義、頑固、絕對化的思維模式，通常會有邏輯上的謬誤（例如：不按情理而自吹自擂或**誇張失實**、處事針對人又埋怨自己或**凡事責己**；在某些情況只集中於負面角度，或**思想上的過濾／選擇性接受信息**；沒有足夠證據便妄下定論，或**隨意推論**等想法），會扭曲人的看法，使他們從**負面**的方向看**自己**、**世界**、**將來**，最終患上抑鬱症。著有不少實用書籍的巴克斯（William Backus）博士以基督教的進路配合認知治療法，並且把這種療法稱為「糾正誤信治療」（misbelief therapy）。[25]

憤怒藏心，對抗自我

一些心理健康專家，尤其是在心理治療的範疇，採取更接近精神分析的(psychoanalytic)或精神動力學的(psychodynamic)觀點的(跟隨弗洛伊德及其他心理學家)均認為，把未消解的憤怒藏入內心後，它會跟內在的自我抗衡，結果形成抑鬱症。這份憤怒起初可能是針對失去了的而又是自己所愛的人／物。柯林斯(Gary Collins)博士指出，傷害可能會掩埋憤怒與復仇心態，最後也會使人患上抑鬱症。[26]

生理體質的因素

以生理因素為研究方向的治療師及精神科醫生，經常把嚴重的抑鬱症及雙極化情緒病(躁鬱症)，歸因於腦部生化系統不平衡，而這種不平衡跟遺傳因素及／或體質傾向、環境與生活壓力可能有關。具體而言，抑鬱症可能是由於缺乏正腎上腺素(norepinephrine)或血清素(serotonin)這兩種知名的、維持腦部生化功能正常的神經化學物質。[27]醫學治療，像抗鬱劑及／或電震療法(electroconvulsive shock treatment；簡稱ECT或EST，通常被推介作治療重鬱症之用)、鋰劑(lithium)、雅培藥廠的depakote(學名：雙丙戊酸〔divalproex〕)及諾華集團的得理多(tegretol；學名：卡馬西平或卡馬西泮〔carbamazepine〕)等情緒穩定劑或藥物，對治療雙極化情緒病甚有療效。最近引起大眾興趣的趨勢是服用奧米加三脂肪酸(Omega-3 fatty acids)或魚油來應付雙極化情緒病，但是仍然需要在這方面進行更多研究。[28]數種情緒穩定劑或藥物(主要是抗痙攣劑〔anticonvulsants〕)仍處於醫治雙極化情緒病的研發階段。

存在的真空感

抑鬱症不時產生，是由於生命的無意義和空虛，或可以說是人對自身存在的真空感。幾乎每個人都曾不時有輕微的憂鬱，只因這可能是墮落世界的「做人之苦」。

靈性的「靈魂的黑夜」

很多時候，抑鬱症跟靈性乾涸有關，這種屬靈光景正是十架約翰（St. John of the Cross）所稱的「靈魂的黑夜」（參賽五十10）。傅士德（Richard Foster）博士於其出色的《屬靈操練禮讚》（*Celebration of Discipline*）形容了這種經驗：

> 「黑夜」……不是甚麼壞事或破壞。……黑暗之目的並非要懲罰或折磨我們。它是來釋放我們得自由……進入靈魂的黑夜關乎甚麼？可能是乾涸感、沮喪、甚至迷失。它撕掉生命中對情緒的過分倚賴。今天我們常聽見人說，要避免這種黑暗的經驗，我們應該活在平安、舒泰、喜樂和讚頌中；這些觀念揭露當代人的許多經驗原是膚淺愚癡的事實。黑夜是神帶領我們到寂靜寧謐的境界，祂成就我們靈魂的內在變像。……認識黑夜是甚麼。當感謝慈愛主吸引我們從分散心思的事物退卻，好叫我們得以看見祂。[29]

英國屬靈偉人鍾馬田（Martyn Lloyd-Jones）博士多年前寫過一本關於靈性低潮的書籍。時至今日看他這本書仍叫人獲益良多。[30]

人際關係的因素

人際間或關係上的嚴重問題亦可能導致抑鬱症。譬如説，約有百分之五十抑鬱症患者長期經歷不和諧的婚姻，而畢治等作者強調，婚姻不和是很多抑鬱症個案的成因與關連。[31]他們還指出，近日研究顯示，婚姻問題與家庭功能失常是影響抑鬱症過程中的重要因素；有個別抑鬱症患者的家頻密地以批判態度來溝通，研究亦發現這種溝通方式通常帶來較高的復發率。因此他們強調，治療抑鬱症的婚姻治療是已婚患者的重要方法。[32]保特爾 (R. M. Podell) 與夏默 (P. Shimer) 曾合著一書《易感染的情緒》(*Contagious Emotions*)，幫助那些身邊摯愛患上抑鬱症的讀者更善於處理其中的問題，並且活得美好。[33]

社會／文化的宏觀因素

社會／文化的宏觀因素，像政治不穩、經濟衰退、現代化及工業化、高離婚率、貧窮，均增加罹患抑鬱症的機會。[34]以某些特殊的徵狀而言，抑鬱症的實質**表現**亦受種族、文化影響。[35]例如：亞洲人傾向把抑鬱症「軀體化」，使心理狀態變成更多軀體的或身體的徵狀，包括失去胃口、難以入眠及頭痛、一般疼痛與痛楚等其他徵狀。[36]

重鬱症的心理社會療法

行為治療 (behavior therapy)、**認知行為治療** (cognitive-behavior therapy）及**人際心理治療**（interpersonal therapy）是公認有效醫治重鬱症的心理社會療法（psychosocial treatments）。心理社會療法及藥理學或藥物介入對重鬱階段有同等療效；有一些論據支持，結合心理社會治療及藥理學治療的效果是出眾的，儘管結合的療效對於**十分嚴重**的抑鬱症患者較為不明顯。[37]有關抑鬱症的心理社會療法，有助提供臨牀指引及方法的書籍可分為三類：透過行為治療而達至激活行為；[38]認知治療或認知行為治療[39]和人際心理治療。[40]讀者可參考註釋內之詳細參考書目資料。

雙極化情緒病成因

遺傳和生理帶來的弱點與——影響較少——壓力，都可以是雙極化情緒病的可能成因。[41]生理上的弱點包括對神經介質（neurotransmitter）的製造及化學變化（分解代謝）的擾亂，這些神經介質包括正腎上腺素、多巴胺（dopamine）、乙醯膽鹼（acetylcholine）、血清素與迦瑪—氨基丁酸（gamma-aminobutyric acid），並在壓力之下產生不正常的荷爾蒙，如皮質醇（cortisol）。在沒有遺傳和生理的因素作為重要成因的情況下，壓力本身不是雙極化情緒病的病因。可是，對於已經患上雙極化情緒病的人來說，壓力很可能增加另一次躁狂或抑鬱階段發作的機會。以下由環境造成的壓力可能尤為重要：重大的生命轉變（正面或負面）、睡—醒循環遭打擾、跟自己重視的人起衝突。

雙極化情緒病的心理社會療法

雙極化情緒病的心理社會療法是**附加的**或次要的，首要的治療還是病理學的介入或藥物治療，尤其是服用情緒穩定劑。心理社會療法趨向配合服藥、改善生活素質、增強應付壓力的策略。因此，為雙極化情緒病而結合的病理學治療與心理社會療法，顯著減低復發及再度入院的危機，也改善了病人的生活素質。**心理教育**是就雙極化情緒病、它的病理學治療及副作用，向病人及其家屬提供有關資訊，心理教育也漸被多加採用來配合藥物治療。作為附加性質的治療，**認知行為治療**有效幫助病人持續服藥，減低再度入院的機會，還改善他們的職能及社交功能。**人際心理及社會節律治療**（IPSRT；結合了人際心理治療〔interpersonal psychotherapy或IPT〕及社會節律治療〔social rhythm therapies或SRT〕），對抑鬱症徵狀的影響力甚大。持續一段時期接受心理社會療法，是有效幫助雙極化情緒病患者的重要因素。最後，若**婚姻／家庭治療**密切配合藥物治療，也能夠減少雙極化情緒病復發，並且改善病人的職能及社交功能。[42]

以下三類書籍有助了解心理社會治療對雙極化情緒病的臨牀指引及方法：認知治療或認知行為治療方面；[43]人際心理及社會節律治療方面[44]和以家庭為焦點的治療方法。[45]讀者可參考註釋內之詳細參考書目資料。

很多治療抑鬱症的策略也應用於雙極化情緒病，尤其是情緒病出現「走下坡」的時候。米克羅維茲（D. J. Miklowitz）為了減低危險因素與增強防護，給病人提供以下有效的心理社會療法（即心理教育、認知行為治療、人際心理及社會節律治療及家庭為焦點的治療方法）的

具體情況或組成部分：[46]

A. 需要減低的危險因素：

1. 充滿壓力的生活轉變
2. 濫用酒精及藥物(還有咖啡因)
3. 睡眠不足(例如：整晚失眠、地域時差或改變時區、睡—醒循環突變)
4. 家庭壓力或其他人際之間的衝突(例如：配偶或父母說話充滿批評，與同事或家人有敵對的互動關係)
5. 服藥不定時或不定量(例如：常常忘記服用一種或以上藥物，突然不吃情緒穩定劑)

B. 增強防護的因素：

1. 病人對誘發自己的情緒與情緒不穩的情況，進行觀察及自我監督(例如：每天寫情緒日曆表或社會節律圖表)
2. 維持每天及每晚固定的日常生活(例如：有可以預期或穩定的社交時間表，每天同樣時間睡覺、起牀)
3. 對家人與社交支援的倚靠(例如：與家人親戚溝通清晰，緊急時向他們求助)
4. 接受定期醫學及心理社會治療(例如：定期服藥，出席支援小組，見心理治療師或輔導員)

雙極化情緒病患者通常在接受心理治療或輔導時，會朝向以下目標：[47]幫助他們意識到現在或過去的躁鬱階段；在預計未來階段容易復發的情況下，定下長期計劃；幫助他們接受和調節長期藥物療程；確定和發展應付壓力的有效對策；改善工作與學習能力；改善家庭或婚姻／愛情的關係；幫助他們接受雙極化情緒病帶來的惡名。

所以，抑鬱症的病因是各式各樣(卻不是互斥)，不同的抑鬱症類型便需要不同的介入或療法。本章扼要論及這些醫治抑鬱症的介入或療法，以下各章會陸續詳述。如果我們想更全面認識抑鬱症，在結束本章前，必須認真探討一項更重要的議題：抑鬱症與自殺。

抑鬱症與自殺

眾所週知，患上嚴重的抑鬱症或雙極化情緒病的人有很高的自殺風險。柯林斯博士指出，近三十多年來上升的自殺率，情況可說是「流行病蔓延」；[48]兒童、囚犯、老人、成人及尤其是十多歲的青少年也會自殺或企圖輕生。[49]基督徒也受到影響。請留意以下各項重要因素，它們與自殺高危或潛在危機有關：[50]

1. 年齡與性別：男性，尤其是超過六十五歲
2. 徵狀：沮喪、感到絕望、失眠或難以入眠、酗酒
3. 壓力：承受重壓
4. 急性與慢性之別：個別徵狀突然或急性發作，這意味更高的自殺風險
5. 定下自殺計劃：尤其是如果自殺計劃是致命的、有組織的和詳細的
6. 缺乏資源：沒有家人或朋友的支援
7. 有自殺紀錄：過往企圖自殺，尤其是曾經多次嘗試輕生
8. 患病狀況：患有不見起色的慢性疾病
9. 人際溝通：沒有出路或被別人拒絕(所以要認真重

視表明自殺的字條)

10. 其他患者所重視的人如何反應：被他們懲罰或拒絕

如果你覺得自己有很大的自殺危機，尤其是經常想結束自己的生命，或刻意計劃輕生的話，你應該立即諮詢心理健康專家或你的牧者，向他們開放自己，說出這些想法，討論本章探討過而你一直掙扎的抑鬱症徵狀或其他方面。人生總有出路。

抑鬱症是非常複雜的，不容易處理或應付。雙極化情緒病亦然。然而，了解抑鬱症是邁向妥善處理它的第一步。我們將在以下幾章，就許多不同途徑或方法加以詳述，藉此幫助你在生命裏應付抑鬱症時更加得心應手。

註釋：

1. H. N. Wright, *Beating the Blues* (Ventura, Calif.: Regal, 1988).
2. E. McGrath, G. P. Keita, B. Strickland, and N. F. Russo, eds. *Women and Depression* (Washington, D. C.: American Psychological Association, 1990).
3. W. E. Craighead, A. B. Hart, L. W. Craighead, and S. S. Ilardi. Psychosocial treatments for major depressive disorder. In *A Guide to Treatments That Work,* eds.. P. E. Nathan and J. M. Gorman, 245~261. 2nd ed. (New York: Oxford University Press, 2002).
4. National Institute of Mental Health (NIMH), *The Numbers Count* (NIH Publication No. NIH 99~4584), 1999. Online available: http://www.NIMH.NIH.gov/publicat/members.CFM
5. M. Maj, H. S. Akiskal, J. J. Lopez-Ibor, and N. Sartorius, eds. *Bipolar Disorder* (New York: Wiley, 2002).
6. M. R. Lyles, Will the real mood stabilizer please stand up? *Christian Counseling Today* 9(3): 60~61, 2001.

7. E. McGrath, *When Feeling Bad Is Good* (New York: Henry Holt, 1992).
8. E. McGrath, G. P. Keita, B. Strickland, and N. F. Russo, eds. *Women and Depression* (Washington, D. C.: American Psychological Association, 1990).
9. A. Hart, *Counseling the Depressed* (Waco: Word, 1987).
10. D. Papolos, and J. Papolos, *Overcoming Depression.* Rev. ed. (New York: Harper Perennial, 1992).
11. D. Papolos, and J. Papolos, *Overcoming Depression.* 3rd ed. (New York: HarperCollins, 1997).
12. D. Papolos, and J. Papolos, *Overcoming Depression.* Rev. ed. (New York: Harper Perennial, 1992), pp. 8~9.
13. American Psychiatric Association, *Diagnostic and Statistical Manual of Mental Disorders.* 4th ed. (Washington, D.C.: American Psychiatric Association, 1994).
14. American Psychiatric Association, *Diagnostic and Statistical Manual of Mental Disorders.* 4th ed., text revision. (Washington, D.C.: American Psychiatric Association, 2000).
15. A. Frances, and A. B. First, *Your Mental Health: A Layman's Guide to the Psychiatrist's Bible* (New York: Scribner, 1998), pp. 59~78.
16. A. Hart, *Counseling the Depressed* (Waco: Word, 1987), p. 43.
17. A. Hart, *Dark Clouds, Silver Linings* (Colorado Springs, Colo.: Focus on the Family, 1993).
18. H. M. Ross, and J. Roth, *The Mood-Control Diet* (New York: Prentice Hall, 1990); J. Ross, *The Mood Cure* (New York: Viking, 2002).
19. A. M. Sapsted, *Banish Post-Baby Blues* (Wellingborough, Northamptonshire: Thorsons, 1990).
20. N. E. Rosenthal, *Winter Blues: Seasonal Affective Disorder. What It Is and How to Overcome It* (New York: Guilford, 1993); R. Sider, Winter depression. *Christian Counseling Today* 1(1): 46, 1993.
21. P. Whybrow, and R. Bahr, *The Hibernation Response* (New York: Arbor House, William Morrow, 1988).
22. F. F. Flach, *The Secret Strength of Depression* (Philadelphia: Lippincott, 1974), pp. 41~42.
23. M. E. P. Seligman, *Helplessness: On Depression, Development, and Death* (San Francisco: Freeman, 1975); M. E. P. Seligman, *Learned Optimism* (New York: Knopf, 1990).
24. M. E. P. Seligman, *Learned Optimism* (New York: Knopf, 1990).

25. W. Backus, and M. Chapian, *Telling Yourself the Truth* (Minneapolis: Bethany House, 1980).
26. G. R. Collins, *Christian Counseling: A Comprehensive Guide.* Rev. ed. (Dallas: Word, 1988).
27. S. R. H. Beach, E. E. Sandeen, and K. D. O'Leary, *Depression in Marriage: A Model for Etiology and Treatment* (New York: Guilford, 1990), pp. 27~28.
28. A. L. Stoll, *The Omega-3 Connection* (New York: Simon & Schuster, 2001).
29. R. Foster, *Celebration of Discipline* (San Francisco: Harper & Row, 1978), pp. 89~91.
30. M. Lloyd-Jones, *Spiritual Depression* (Grand Rapids: Eerdmans, 1965).
31. S. R. H. Beach, E. E. Sandeen, and K. D. O'Leary, *Depression in Marriage: A Model for Etiology and Treatment* (New York: Guilford, 1990).
32. S. R. H. Beach, E. E. Sandeen, and K. D. O'Leary, *Depression in Marriage: A Model for Etiology and Treatment* (New York: Guilford, 1990).
33. R. M. Podell, and P. Shimer, *Contagious Emotions* (New York: Pocket Books, 1992).
34. S. R. H. Beach, E. E. Sandeen, and K. D. O'Leary, *Depression in Marriage: A Model for Etiology and Treatment* (New York: Guilford, 1990), pp. 49~51.
35. D. W. Sue, and D. Sue, *Counseling the Culturally Diverse.* 4th ed. (New York: Wiley, 2003).
36. S. Y. Tan, Psychopathology and culture: The Asian American context. *Journal of Psychology and Christianity* 8(2): 61~75, 1989; S. Y. Tan, and N. J. Dong, Psychotherapy with members of Asian American churches and spiritual traditions. In *Handbook of Psychotherapy and Religious Diversity,* eds. P. S. Richards and A. E. Bergin, (Washington, D. C.: American Psychological Association, 2000,) pp. 421~444.
37. W. E. Craighead, A. B. Hart, L. W. Craighead, and S. S. Ilardi, Psychosocial treatments for major depressive disorder. In *A Guide to Treatments That Work,* eds. P. E. Nathan and J. M. Gorman, 2nd ed. (New York: Oxford University Press, 2002), p. 245.
38. C. R. Martell, M. E. Addis, and N. S. Jacobson, *Depression in Context: Strategies for Guided Action* (New York: Norton, 2001).
39. A.T. Beck, A. J. Rush, B. F. Shaw, and G. Emery, *Cognitive Therapy of Depression* (New York: Guilford, 1979); J. S. Klosko, and W. C. Sanderson,

Cognitive-Behavioral Treatment of Depression. Northvale (N. J.: Jason Aronson, 1999); J. B. Persons, J. Davidson, and M. A. Tompkins, *Essential Components of Cognitive-Behavior Therapy for Depression* (Washington, D. C.: American Psychological Association, 2001).

40. G. L. Klerman, M. M. Weissman, B. J. Rounsaville, and E. S. Chevron, *Interpersonal Psychotherapy of Depression* (New York: Basic, 1984); M. M. Weissman, J. C. Markowitz, and G. L. Klerman, *Comprehensive Guide to Interpersonal Psychotherapy* (New York: Basic, 2000).
41. D. J. Miklowitz, *The Bipolar Disorder Survival Guide* (New York: Guilford, 2002).
42. W. E. Craighead, D. J. Miklowitz, E. Frank, and F. C. Vajk, Psychosocial treatments for bipolar disorder. In *A Guide to Treatments That Work,* eds. P. E. Nathan and J. M. Gorman, 2nd ed. (New York: Oxford University Press, 2002).
43. C. F. Newman, R. L. Leahy, A. T. Beck, N. A. Reilly-Harrington, and L. Gyulai, *Bipolar Disorder: A Cognitive Therapy Approach* (Washington, D. C.: American Psychological Association, 2002); M. R. Basco, and A. J. Rush, *Cognitive-Behavioral Therapy for Bipolar Disorder* (New York: Guilford, 1996); D. H. Lam, S. H. Jones, P. Hayward, and J. A. Bright, *Cognitive Therapy for Bipolar Disorder: A Therapist's Guide to Concepts, Methods, and Practice* (Chichester, U. K.: Wiley, 1999).
44. M. M. Weissman, J. C. Markowitz, and G. L. Klerman, *Comprehensive Guide to Interpersonal Psychotherapy* (New York: Basic, 2000).
45. D. J. Miklowitz, and M. J. Goldstein, *Bipolar Disorder: A Family-Focused Treatment Approach* (New York: Guilford, 1997); S. L. Johnson, and R. L. Leahy, eds. *Psychological Treatments of Bipolar Disorder* (New York: Guilford, 2004).
46. D. J. Miklowitz, *The Bipolar Disorder Survival Guide* (New York: Guilford, 2002), p. 153.
47. D. J. Miklowitz, *The Bipolar Disorder Survival Guide* (New York: Guilford, 2002), p. 122.
48. G. R. Collins, *Christian Counseling: A Comprehensive Guide.* Rev. ed. (Dallas: Word, 1988), p. 483.
49. K. R. Jamison, *Night Falls Fast: Understanding Suicide* (New York: Knopf, 1999).
50. E. Kennedy, and S. C. Charles, *On Becoming a Counselor.* Expanded ed. (New York: Continuum, 1990), pp. 340~341.

3

妥善處理抑鬱症：
認識你的「情感、行為及認知」

每個人的想法對於自己的感受，能夠產生深遠的影響。一天早上，你在辦公室跟老闆熱情地打招呼，他沒有給你親切的問候來回應，也不跟你閒聊，反而，只吐了一聲冷漠疏離的「嗨」。短短的一剎那，你便心情低落，感到不安。本來是光明伊始的早晨，到頭來是昏暗昧沒，你覺得甚麼事情也做不成。然後，你瞧見老闆，便別個頭來佯裝看不見他，以免重複不快經歷。

你斷定自己抑鬱的原因，是在於老闆對待你的做法。無論如何，自這趟打個照面後，你滿腦子早已持續充塞下列想法，若在電腦屏幕顯示，看來會像這樣：

老闆以為我工作表現不佳。

他其實不喜歡我。

他避開我，下次評估可能會把我看低一線——我甚至會失業！

慘啦！我不能勝任這份工作——自己從來就是一事無成。

當然，另有一些想法可能曾經在你腦海中掠過，從而產生另一套感受，這些想法甚至比你確實曾經有過的想法更符合事實。譬如說，你想到老闆平常是如何更注意你，便斷定他一定被個人問題佔據而感到非常困擾。你也可能考慮到他趕著開會，沒時間聊天。或者，你又會想到，他只是不擅寒暄，拙於社交辭令才草率回應，倒不是因為衝著你而來。甚至，從更接近哲學的角度來說，你認為老闆也許不是惱怒你自己，但這件事不得不讓你斷定，生活是一團糟，而自己就是人類中的失敗者。

你的想法足以深深影響自己的感受。

從前有兩個兄弟，一個是無限樂觀，一個是無限悲觀。父母決定測試他們的限制程度。他們先把悲觀兒子放進佈滿「玩具反斗城」最新產品的房間，然後把樂觀的兒子安置在滿室馬糞的房子。一個小時後，他們看看二人怎樣。悲觀的兒子既不開心又不滿意，肯定所有玩具不是壞了，就是沒有電池，或者，根本不好玩。那位樂觀的兒子徹頭徹尾都在笑，把糞便到處扔。父母於是問他：「究竟你在笑甚麼？」他回答：「滿地都是糞，當然是有一匹馬在這裏玩。」

你的想法足以深深影響自己的感受。

玫瑰有刺使某些人難過，另一些人倒為了多刺的莖枝長出玫瑰而感恩。

你的想法足以深深影響自己的感受。卻非必然。有時候，因為生理或醫學的理由而產生抑鬱症，這些情況應該尋求精神科醫生的幫助或醫學診斷。一些嚴重的抑鬱和壓迫感，有可能涉及包括邪靈附身、參與問卜占卦等屬靈問題，這些情況需要釋放綑綁的禱告及調動屬靈資源來配合。另外，正如我們討論過的，這有可能是神要我們深化和成長而經歷的「靈魂的黑夜」。

牢記以下重要的告誡：我們「使自己沮喪」不一定總是真的；自我埋怨也不是克服抑鬱症的妙策。事實上，這些做法時常容易使情況惡化。

雖然如此，個人的想法跟感受確實仍然經常是息息相關的。你憂鬱，通常是因為對自己、世界和將來保持負面的想法。

說回對老闆的困惑。看起來，你憂鬱的**理由**是基於老闆如何對待你的做法。你經歷了這一階段，你本人和自己的情緒彷彿只是老闆施行惡行的受害者。

可是，我們細心觀察，頗明顯的，在老闆對待你的做法與你的抑鬱感之間，還存著另一項關鍵。這項關鍵就是你對發生了的事情如何**詮釋**——這是你的想法，也可以說是你的「自我對話」。

認識這套方法來幫助我們處理抑鬱症的途徑，是創立理性情緒治療 (rational-emotive therapy；RET) 或更近期的理性情緒行為治療 (rational-emotive behavior therapy；REBT) 的埃利斯博士所稱的情緒生活「ABCs」。[1]

A代表觸發的事件 (activating events) 或前事 (antecedents)——即發生在你身上的情況。根據以上情景，前事是老闆給你短促疏遠的冷淡反應。

從感受與行為的角度來說，C代表結果 (consequences)。這就包括你受傷和抑鬱的感覺，以及你迴避老闆。

埃利斯博士主張，人普遍覺得結果是由觸發的事件或前事引致的，就是發生的事情導致個人感受。可是，在觸發的事件與結果之間還有B——對於自身遭遇的信念 (beliefs)。在這個例子裏，信念包含你的無意識思想 (automatic thoughts)——你的老闆不喜歡你、他給你負面的工作評估以及其他想法。所以，不是觸發的事件完全引起結果。事件觸發個別的信念，然後才有結果的出現。

所以你會明白，個人信念是有多麼驚人的力量。有很多例子，人的信念對抑鬱症產生關鍵的作用。一般而言，有些信念為情緒帶來負面結果，例如抑鬱症，它們經常是非理性、扭曲和極端的。這些信念 (或如巴克斯博士所稱的「誤信」) 在你腦海中掠過的時候，看來是令人信服的，而人通常很少會察覺到這些想法的存在。所以，有些人會稱之為「無意識思想」。這好像你戴上腕錶，過了一會兒，便不再察覺到它的存在；儘管它還是在你的手腕上，你不再感覺到它。所以，你的想法停留在你的腦海中，儘管你很難會察覺到它了，這些想法卻深深影響你的感受和生活。

於是，處理抑鬱症的第一步是在於省察 (awareness)——辨認與識別這些無意識思想。這樣做的時候，要儘量明確和具體，這是很重要的。光說「我太難為自己，常有負面思想。」是不夠的。我們儘量明確分析，才處理到這些想法。列舉想法，儘量為這些想法寫出清晰的措辭用語。了解自己的情緒生活ABCs有助於達到這個目的。

要了解情緒生活ABCs，可持續使用日誌來把ABC三項分類。這亦幫助你開始挑戰這些想法，並有效地阻止它們，最終你以合理、現實、準確和符合聖經真理的想法取代。我們將在第六章探討處理抑鬱症的認知策略時，詳述這一方面。

現在讓我們看看另一套ABCs的組合。人類經驗一般可以分為三大層面。A大致代表情感（affect）或感受（feelings），B代表行為（behavior），C代表認知（cognition）或想法（thinking）。當你抑鬱的時候，你**覺得**沮喪（這是A），你的**舉止**表現抑鬱（B；例如，你賴牀、整天看電視），你的**思想**負面（C）。一般人經常以為抑鬱症真的只是關於人的感受——因為感受往往跟抑鬱症有很強的關係。然而，抑鬱症也同樣與你的舉止和想法有關——生命中沒有一處不被抑鬱症接觸到。這亦意味著要有效應付抑鬱症，就必要處理這三大層面。

處於情感層面的核心任務是要省察自身的感受，並且願意讓自己悲傷哀慟，而不是逃避情感。說「容許自己表現悲痛」聽起來好像是自我沉溺（當然可以是躲避生活責任的藉口）。可是，我們要說的是面對痛苦，這是人類成長的必經階段。在這情況下，避開痛苦與悲傷，才是自我沉溺、無補於事。

甚至，要省察自己的感受也是知易行難。逃離不愉快感受是人之常情，很多人最終不會撫觸情緒生活的最深處。甚至那些論及複雜意念也能言善辯的聰明人，可能會出奇地不善表達自己的情緒經驗。也有其他人，基於文化或家庭背景，沒有學習如何直接處理自己的感受，因此，會繼續為觸及與要表達真感受而掙扎。感受本身也是難於處理的，因為它不是在我們直接控制的範圍內。許多人嘗試說：「我明天**不會**傷心啦」來處理抑鬱症。這就好像跟坐在車廂後座的任性小孩說：「別吵了孩子，乖點兒，要不然每個都來一巴掌」。

這必然是無效的策略。

行為層面的核心任務是學習做積極而有幫助的事情，甚至當——**尤其當**——你起初覺得不大喜歡這樣做的時候。承認個人感受通常是跟隨行為而來，這是非常重要；你經常因為**做**得不錯，然後**覺得**美好。人很自然這樣想：「當我**覺得**喜歡的時候，我就會做……(哪管那原是他們需要做的事情——打電話、寫便條、完成計劃)」。困難在於你抑鬱的時候，你就不喜歡去做。你的「一事無成主義」變成另一個繼續抑鬱的理由。這是抑鬱症患者無法擺脱的自相矛盾。從**行為**著手而變出新**感受**，比從**感受**變出新**行為**更容易。

想法層面的核心任務，你可能現在挺清楚：識別、挑戰、挪走經常與抑鬱症有關的負面、扭曲和非理性的思想。更重要，你需要學習把思想調節至更符合聖經真理，或根據聖經「把真相告訴自己」的方法來思想。[2]事實上，保羅呼召他的讀者把自己轉變過來，並説到這轉變過程是靠心意「更新」才可發生(羅十二2)。這不僅是自我對話在表面上的改變，也不只是認同某些神學教義(當然這是很重要的)；這樣的「更新」是人經過從根本上的變質而去感知、詮釋生命和世界。終極而言，這是聖靈的工作，是因著神給予人類的恩典和愛。

在以下三章，我們會逐一探討本章論及的三大層面——情感、行為及認知。若你持之以恆——藉著神的幫助——把這些材料應用在生活中，便能夠大大增加你處理抑鬱症的能力。

註釋：

1. A. Ellis, and R. A. Harper, *A New Guide to Rational Living* (North Hollywood, Calif.: Wilshire, 1975).
2. W. Backus, and M. Chapian, *Telling Yourself the Truth* (Minneapolis: Bethany House, 1980).

4

情感：你覺得怎樣？

史提芬是一位快將四十歲的營業員。有一段緊張的工作時期，他發覺自己的工作時數更長，少休息、少運動、也少見家人。他也參與教會的一些額外計劃，這亦叫他感到江河瀉地似的耗透了自己。起初，他以為只要把「自己的引擎加速」，就可以度過這段十分勞神的日子。但是，過了幾個月，他發覺自己有點不尋常。他開始很晚才起牀——縱使當時是他特別需要早些出門的日子。他開始失去動力來投入工作、教會和家庭，他知道孩子需要自己，但在家的幾句鐘，只覺得沒有精力為他們付出多少。有時候，午夜醒來，呆望天花，好想知道自己發生了甚麼事情。有幾次在辦公室裏，他整個人崩潰，伏在案頭哭泣，到底是甚麼原因觸發自己哭泣，也沒有頭緒。

「這真荒謬、懦弱」，他對自己說：「我一定要快快振作起來。我知道其他人會跟自己的感覺妥協——但這不會是我。我只需要更努力祈禱，祈求更多力量。」可是，當史提芬最需要祈禱的時候，便覺得祈禱是最困難。

史提芬繼續度日如年，覺得精疲力盡，十分沮喪——但是，他沒有容許自己知道，並全面意識到，自己真的覺得抑鬱了。結果，他更加把自己孤立抽離，企圖獨自承擔一個寂寞人還未準備好扛上的擔子。

很多像史提芬的基督徒，他們不幸地傾向否定、抑壓感受或貶低這些感受的價值。更具體的來說，他們通常有虛假的信念(或錯誤的信念)：經歷諸如抑鬱、焦慮、憤怒等負面情緒是有罪的和不屬靈的。因此，在這些情緒發作的時候，他們難以認識到它們的存在。

這並非說，所有情緒都是道德中立的。一個人今天體會到的情緒，某程度上至少是他或她因過去的選擇而產生的結果，這些選擇隨著年月而把個性定型。不斷選擇趕忙的人，會經歷憤怒與挫敗，在同樣情況下，有耐性的人卻覺得蒙憐憫。伊甸園的墮落影響了人類存在的各方面——包括我們的感受。還有，感受當然不一定是引導人作出行動的可靠指引。除了需要改進個人感受，經常隱藏在感受背後的想法也需要改變。

雖然如此，認識與發掘個人感受，是極度重要。這其實是基於很多原因。

第一，感受是來自神的恩賜。經歷喜樂、悲哀、憤怒及其他情緒的能力，是人以神的形像被創造為一個人的重要部分。事實上，聖經本身經常採用與情緒有關的語言，來描述神如何經歷自己。譬如說：神嫉妒(出二十5)、憤怒(民二十九27)、悲傷(創六5～6)，也經歷愉快(詩一四九4)及其他情緒。神在聖經裏面被描述為活潑而富於情感的位格存有。

除此之外，耶穌立下生活中滿有情緒經驗的典範。

耶穌不是只有邏輯、理性而沒有情感的神。其實，福音書形容耶穌是一個有一大堆不同感受的人。聖經裏的耶穌傷心慟哭、憤怒卻忍受不滿、又同樂又同哀、滿腔熱情去為人痛心。

其次，感受通常會反映我們最深層的想法。認知治療派學者把這些深藏的想法——被很強的感受依附著——稱為「激烈的認知」，或以下我們說的「激烈的思想」。例如：有人問你，如果你的好朋友整個月沒有跟你通電，你會覺得怎麼樣。你第一個反應是：「沒關係——可能他很忙呢」。可是，當你繼續談及此事，會開始講得更大聲、更快、更加手舞足蹈，最後你得承認，自己感到一些強烈或激烈的情緒，好像是受傷或憤怒。再進一步反思，更加清晰的就是你原來有一些激烈的深層思想，好像「朋友不打電話給我，因為他其實不關心我」。激烈的感受與想法通常是叫人不愉快的——尤其那些與抑鬱症有關的——這是為甚麼他們趨向潛藏感受與想法而不去省察。藉著省察自己的情緒，你才可能找到平常潛藏情緒背後的激烈思想。這方面的改變側重於識別、挑戰、取代你的激烈思想。第六章會集中討論這個過程。

當然，不是所有激烈思想都需要被緩和。其中有些是有益的、積極的、符合聖經真理的激烈思想，它們應該被強化和鞏固。接觸我們的感受，有助於看清楚那些激烈思想，把它們當作生活的根基——基本的盡忠、忠心和價值，並且成為我們至高的言志，像尼希米的「因靠耶和華而得的喜樂是（我）的力量」（尼八10）。

最後，感受亦可當作一套警告系統，它顯示出我們的生物或生理系統失常紊亂，從而需要尋求醫學上或心理上的幫助。個人感受也會告訴我們，自己與人、與神的關係出現錯誤。

怎樣發掘你的感受

一旦你接納到省察個人感受的重要性，你會怎麼辦？以下是曾經幫助許多人的建議。

發掘感受。開始的時候，你容許自己體驗個人的感受，而不是逃避它們。基督徒經常不願意談及抑鬱症——尤其如果他們渴望屬靈生命表現得勝。你抗拒這些壓力是非常重要，所以(起碼最少)你可以跟**自己**說一些關於你對抑鬱症的感受。

運用表達感受的詞彙表。識別自己正在經驗的感受，你可能會覺得困難。有些人藉著唸出類似下面的詞彙表，然後核對哪些詞語正好是形容自己目前的情緒狀態，他們發覺這樣做挺有幫助。

傷心	無助	無用
憤怒	疲憊	強烈
受傷	憂鬱	沉悶
開心	內疚	熱烈
急躁	慚愧	軟弱
無望	平安	次要
孤立	無價值	激動
狂怒	不勝任	緊張
疲倦	孤單	恐懼
後悔	挫敗	擔心

苦澀	混亂	滿足
遲緩	耗盡	滿意
沮喪	失敗	
顫抖	有精力	

透過許多方法，好像學外語那樣，學習說出表達情緒的語言。從小學習某一種語言的人，會把自己的母語說得最流利。成年後才學習某一語言，通常會覺得這是一件難事，必須努力和練習才可掌握。還有，他們可能永遠不會像幼年習得的母語那樣說得流暢或自然。你在成長過程中，也可能不曾學習到怎樣輕易說出感受。可是，即使如果你從不像某些人，一生裏曾用過表達情緒的語言那樣說得流利，藉著努力與練習，你日後還是能夠學習到比今天說得更有力。

使用「ABC」日誌。前章扼要討論過埃利斯博士的情緒生活ABCs，你以此為範本來寫日誌，也許會覺得不錯。這本「ABC」日誌不僅幫助你與自己的感受有更親密的接觸，還會觸及你更深的或激烈的想法。

運用意象。你的想像可以是非常有力量的，並有助自己發掘感受。以下是運用意象的有效方法。

在安靜而無人騷擾的地方，坐在舒適的椅子，儘可能深深地放鬆自己。照這樣做兩至三分鐘。然後，閉上雙眼，儘量生動地幻想自己經歷過的不安場面或事件。透過想像，你重演或再體驗這件事情，在這時候嘗試識別和分類一切浮上表面的感受。

評估這些感受的強烈程度，對你或許也有幫助。你可用零至一百分來衡量，零分是一點也不強烈，一百分是可想像到的最強烈感受。

有一點要小心：最好跟牧者或受過訓練的輔導員使用這套方法。由別人來引導過程是明智的做法，因為隨之觸發的情緒可以是極有力量的。

自我剖析。自我剖析是揭露你另一些最深層的想法和感受。它們聽起來會使你可能覺得很為難或甚至不愉快。而當然，向普通朋友剖白最深的祕密是不智的。你需要好好選擇向哪個人打開心窗。對於與抑鬱症角力的人而言，找牧者或受過訓練的輔導員幫助，通常是有效用的。他們會以同理心和你需要的諒解來體貼地聆聽你。

角色扮演遊戲。角色扮演遊戲或演出某一次的人際之間的處境，會引起你的一些衝突或抑鬱，這對你也會有幫助。你需要可信賴的朋友、牧者或受過訓練的輔導員來幫助你。

例如，假如你跟朋友或配偶產生衝突，你因為對方的苛刻和輕視的說話而感到憤怒與沮喪，但是你不完全省察到這些感受，那麼，藉著角色扮演來重演那衝突的處境——你扮演自己，而你的知己／異性朋友扮演另外的角色——有助你更深入觸及這次處境的感受(當然，一辨別出這些感受，你必須仍然決定怎樣繼續**演**下去。辨別感受不是這個方法的結束階段)。

如何妥善處理個人的感受

有時候，抑鬱症是基於生理因素。在抑鬱症嚴重時，或涉及躁鬱症或雙極化情緒病的情況，更可能是由於生理的原因。如果對你而言，抑鬱症是顯著的掙扎，你可能先要諮詢普通科醫生或精神科醫生，藉此排除生理因素的可能性。如果抑鬱症是由生理因素產生，藥物治療是非常重要，因為抗鬱劑或其他藥物是甚有療效。先診斷清楚是很重要，因為如果抑鬱症是由生理因素產生，便有可能不需要參與沒有提供藥物治療的輔導或自助過程。如果是躁鬱症或雙極化情緒病，情緒穩定劑或藥物在有效的療程中產生極重大作用。

你也許像很多基督徒，對於使用很有療效的藥物後會如何改變感覺，有很認真的疑問。我們不應該輕率或不適當地以藥物來幫助自己；不過，神准許我們藉著許多醫學上的進步而處理如抑鬱症及雙極化情緒病的問題。只要這些藥物服用恰當，便不會幫助人去逃避現實；事實上效果卻相反——它們可以幫助人面對現實。

抑鬱的感覺有時候跟損失與悲傷有關。傳統上，這種抑鬱感被稱為「對外反應的抑鬱」。哈特博士曾描述損失的兩大類：具體或有形的損失（例如：失去人、車、寵物、金錢）與抽象而不涉及物質存在的損失（例如：失去地位、自尊、與神同在的感覺）。[1]他認為，抽象的損失更難於表現悲痛，因為我們無法「用手臂環抱它們」。

還有，所有損失（包括具體或抽象的）可分為以下三類：真實的、想像的或受威脅的。真實的損失包括已經發生的損失（例如：配偶去世或失業）。想像的損失僅是存在於個人的想像中（譬如說：有人以為朋友不再喜歡自己而實情並非如此）。受威脅的損失是可能或不可能發生的損失（例如：女性發現腫塊，進行了切片檢查而還不知道結果，該婦女面對受威脅的健康損失及患癌的機會）。

哈特博士暗示，在這三項類別中，受威脅的損失是最難處理的。當損失被確定為真實的時候，便可以展開哀傷過程（grieving process），而醫治也可以同時開始了。當損失被界定為想像的類別時，當事人可以得到釋放。可是，只要損失是受威脅的話，則很難解決。當事人必須儘可能確定這損失為真實的或想像的。當然，有時候無可避免有一段等候的期間（例如：當事人要等候切片檢查的報告結果）。這些情況不可能匆促把受威脅的損失，轉變為真實的或想像的損失；這情況需要忍耐與支持。

以下十個步驟有助於輔導需要處理損失及經過哀傷過程的抑鬱症患者（更詳細資料可參看哈特博士的著作）。[2]

1. 確定損失。
2. 理解每項損失的每一方面。
3. 分辨具體的與抽象的損失。
4. 識別想像的、真實的、受威脅的損失。
5. 把想像的損失轉化成真實的損失。
6. 把受威脅的損失轉化成真實的損失。
7. 促進哀傷過程。
8. 面對損失的事實。
9. 發展對損失的洞察力。
10. 避免負面的認知模式（或負面思想）。

這裏的重要任務是讓經歷對外反應的抑鬱症患者

適切地哀痛或悲傷，並且不否定他們傷心、憂鬱或痛苦的感覺。從基督教的觀點而言，這是尤其重要的，因為在某些圈子裏，有流傳這樣的錯誤信念的趨勢：「良好的基督徒任何時間都應該快樂。」

通常，潛伏的憂鬱感覺是很深的傷害。隨之而來的有可能是憤怒甚至怨恨。過往的事件，留下還未醫治的內在傷口。這些事件通常涉及拒絕、忽視、剝奪或虐待。在這些情況下，有一種特別用作支援的禱告方式，稱為「內在醫治」或「記憶醫治」，對患者常有幫助。[3]

以下是使用內在醫治禱告的七項步驟。[4]

1. 開始禱告時，祈求主的帶領、祝福、保護自己遠離惡者。
2. 採用鬆弛的策略，幫助自己儘量減低焦慮。例如：一、慢慢的深呼吸數次；二、採用定神的自我對話，說：「放鬆」、「輕鬆點」、「放走所有緊張」；三、想像愉快的畫面（例如：躺臥在沙灘上、一個美麗的黃昏或其他）。
3. 一旦感到深度放鬆後，返回幻想中，重演過往引起傷害自己甚深的事件。給予自己足夠時間呈現這次事件的清晰影像，就好像再次重頭發生那樣，並且感覺由事件引起深刻不快的情緒（例如：傷害、憤怒、苦毒）。這通常會帶來深層的情緒波動和哭泣。
4. 於第三步驟在足夠時間進行後，開始特別的祈禱（開聲），尋求聖靈以祂的醫治力量來動工幫助。
5. 無論是需要甚麼方式，現在容許聖靈在你身上動工。

例如：聖靈可能在你的腦海中帶來耶穌臨在、安慰和愛的醫治形像。或者，動工的方式可能是藉著幫助或安慰我們的經文、個別的讚美詩或基督教詩歌、或甚至溫暖的感覺。內在醫治或記憶醫治因此不僅是「意象禱告」，它更是向神祈求以醫治的力量來主動介入，也祈求神在生命裏彰顯恩典。形式是多變的，不只是透過意象發生。內在醫治禱告時需要時間等候神，不純粹是心理學技巧。

6. 以簡短的禱告結束。
7. 用一會兒的時間反省禱告中的過程。你怎樣（假如有的話）感知神在禱告中對你說話？你可能需要多次重複這種內在醫治的禱告。還有，你不一定能在禱告中經歷任何「例外的」事情，這是沒有問題的，請謹記這點。

這種形式的禱告最好跟別人一起進行，例如牧者。以下是內在醫治禱告如何進行的例子。

瑪莉是會眾中的二十六歲單身姊妹，來到牧者前談談關於自己的抑鬱症。在他們互動的過程中，逐漸釐清的是，她感到與父親分離，被他拒絕，她覺得以前父親「只是西裝、公事包」。她也覺得跟母親疏離，因為她來自大家庭，覺得母親沒有甚麼時間給她。父母給她足夠的物質供應，卻無法給她所需要的愛、支持和帶領。父親是工作狂，長時間獻給工作，回家的時候，通常是拖著疲憊的身軀。他僅有微少的時間或精力可奉獻給瑪莉，結果，對於瑪莉的生活細節所知甚少，興趣不大。

瑪莉特別被十三歲生日的回憶纏繞。她上牀睡覺的時候，父親才回家。她起牀跟父親說晚安。顯然，他忘記了瑪莉的生日。她提醒父親的時候，開始哭了，他並沒有道歉，取而代之，責罵她「舉動幼稚」，還告訴她假如不讓自己的作為更像個成人那樣，便怎樣也不配慶祝生日了。

在一起討論內在醫治禱告後，瑪莉決定(跟牧者協議了)，禱告的介入會對她有幫助。牧者簡略解釋那七項步驟，接著開始祈禱：「親愛的主呀，感謝你，在輔導的期間和內在醫治的祈禱中，求你與我們同在。我們祈求你藉著聖靈醫治的能力，引領我們、祝福我們，保守我們不被惡者攻擊。懇請你來，特別以你的愛和醫治的恩典來幫助瑪莉，奉我耶穌的名字祈求，阿門。」

牧者然後帶領瑪莉做一段短時間的放鬆運動。他告訴她慢慢的深呼吸數次，按著以下指示：「現在慢慢的、深深的呼吸一次，瑪莉，充滿你的胸肺，忍著這口氣，留意這份現在經驗到的緊張感覺。我們來數五下。一……二……三……四……五(這過程有七至十秒)。現在慢慢呼出，放鬆。我們會再重複這動作。」

第二項技巧是要求瑪莉採用一些定神的自我對話；例如：「只要放鬆、輕鬆點，讓你所有肌肉釋放緊張，由頭頂一直到腳趾，讓你容許自己儘量放鬆、舒服。」最後的技巧是建議瑪莉想像一個非常愉快的、快樂的、鬆弛的場面，好像躺臥在沙灘上、一個美麗的黃昏、翠綠草原上或其他。

當瑪莉覺得鸞鬆弛後，牧者繼續以下內在醫治禱告的其他步驟。

牧者：你現在覺得放鬆了，瑪莉，我想你集中把注意力轉移到一些不愉快的事情上。其實，我想你用你想像的眼睛，幻想你再次是十三歲。回去再活過痛苦的事件，當你的父親忘記你生日的時候，你嘗試提醒他，他卻嚴苛地回應你。你能夠看見你現在的想像中所發生的事情嗎？

瑪莉：對，我開始看見這件事再次發生。我能夠看見父親在那裏，聽見他嚴厲拒絕的聲音，我看到自己在哭，不能停止。

牧者：好，我想你繼續專注這個場面和剛剛浮現的深層感覺——別阻擋它們在外；經歷它們來到的時刻。而我希望你不僅看這個場面中的自己，還做回這個場面裏面的自己，好叫你感覺自己現在的感受，就是如今這一刻。我會給你一些時間，讓這痛苦的片段展開。

瑪莉：……這真是痛苦(她開始哭)。

牧者：我知道這是很困難，但你不阻擋這份感覺是十分重要的(牧者在繼續進行前，稍停一會兒)。

牧者：瑪莉，請你告訴我，現在怎樣了，你在經歷甚麼？

瑪莉：我覺得受到傷害，十分氣爸爸跟我說的話。這使我覺得父母認為我真的不重要。如果可以坦白的話，我好想知道爸爸是否真的愛我。我認為他不愛我。我覺得自己一文不值，我的生命無關痛癢——我覺得自己不值得被愛。我甚至覺得，就算今天是大人了，也經常有這樣的感覺。這是我為何憂鬱的原因。

牧者：我知道這一定很痛苦，也難為了你。我想在這裏暫停一下，向聖靈祈求體貼你個人需要來幫助你。「主呀，我祈求你藉著聖靈的能力來觸摸瑪莉，以你醫治的愛和恩典，幫助在非常痛苦的光景中的瑪莉，不管是甚麼需要的或適合的方式，只願按照你的旨意而成就。感謝主，奉耶穌的名字祈求，阿門。」

牧者（**在稍停一會兒後**）：瑪莉，請告訴我，現在怎樣了，你在經歷甚麼？

瑪莉：我經歷神的愛和安慰。我覺得耶穌真的與我同在，祂對我說，祂愛我，覺得我是珍貴的。祂也好像說不會忘記我的生日，因為祂首先創造我。我看見耶穌温柔地抱我，告訴我祂明白，因為祂也飽受過別人難聽的說話。我覺得真的從對我爸的憤怒中得到釋放（瑪莉停下來，輕輕的哭）……

牧者：繼續讓神以深刻動人的方法來幫助你，瑪莉……（稍停）你可以再告訴我現在發生甚麼事嗎？

瑪莉：我覺得現在好多了，在我心裏面有很踏實的平安，我經歷到耶穌與我同在和祂的愛。其實，我覺得耶穌帶領我放開了自己對父親的怨恨和憤怒，甚至原諒他。我看見自己走到父親那裏，告訴他，雖然我受傷害，卻原諒他。這樣，我覺得如釋重負。

牧者：真奇妙，瑪莉，在結束祈禱前，還有甚麼需要？

瑪莉：沒有了。這是非常感動我的經歷。

牧者：好的。讓我們一起結束祈禱，不如你來開始？

瑪莉：好的。「主呀，感謝你給予這醫治的美麗時刻，我經歷了你。感謝你的愛和幫助。懇求你甚至繼續醫治我更多。奉耶穌名字祈求，阿門。」

牧者：「主呀，我們感謝你的愛和醫治的能力，讓瑪莉今天經歷你的恩典。求你繼續在她的生命中動工醫治，懇請你來引導我們在這裏繼續的牧養輔導，奉耶穌的名字祈求，阿門。」在你走之前，瑪莉，你對剛才的經歷有甚麼意見或問題？

瑪莉：我覺得這是美妙的時刻。那麼，雖然我還可能有些掙扎，但我不會再抑鬱？

牧者：我相信，你已經有內在醫治的深刻體驗了，但這不一定表示，在餘下的日子你永遠不會再度抑鬱。抑鬱症發作是非常普遍，不過我們可以把痛苦的時間和回憶帶到主面前，尋求祂的幫助，就好像我們今天所做的。

值得注意，這種禱告的方式，不是一條經歷各種人類痛苦情緒的捷徑。原諒是需要時間，通常傷害愈深，醫治愈久。在這方面的實用書籍有史密德的《饒恕與忘卻》(*Forgive and Forget*)。[5]

本章集中處理跟抑鬱症有關的感覺。這些感覺經常很有力量，會引誘人單單集中在感覺上。可是，在很多情況下（除了可能是涉及生理或鬼附的因素），有些行為的（及想法的）模式是跟這些感覺有關。所以，下一章我們會探討多項為了妥善處理抑鬱症而具備策略的行為。

註釋：

1. A. Hart, *Counseling the Depressed* (Waco: Word, 1987), pp. 132~145.
2. A. Hart, *Counseling the Depressed* (Waco: Word, 1987).
3. M. Flynn, and D. Gregg, *Inner Healing* (Downers Grove, Ill.: InterVarsity, 1993); L. Payne, *Restoring the Christian Soul: Overcoming the Barriers*

to Completion in Christ through Healing Prayer (Grand Rapids: Baker, 1991); D. Seamands, *Healing of Memories* (Wheaton: Victor, 1985; Republished as *Redeeming the Past*, 2002); S. Y. Tan, The Holy Spirit and counseling ministries. *The Christian Journal of Psychology and Counseling* 7(3): 8~11, 1992; S. Y. Tan, Religion in clinical practice: Implicit and explicit integration. In *Religion and the Clinical Practice of Psychology*, ed. E. Shafranske. (Washington, D. C.: American Psychological Association, 1996)；F. Garzon, and L. Burkett, Healing of memories: Models, research, future directions. *Journal of Psychology and Christianity* 21: 42~49, 2002.

4. S. Y. Tan, The Holy Spirit and counseling ministries. *The Christian Journal of Psychology and Counseling* 7(3): 8~11, 1992; S. Y. Tan, Religion in clinical practice: Implicit and explicit integration. In *Religion and the Clinical Practice of Psychology*, ed. E. Shafranske. (Washington, D. C.: American Psychological Association, 1996).
5. L. Smedes, *Forgive and Forget* (New York: Harper & Row, 1984); E. L. Jr. Worthington, *Five Steps to Forgiveness: The Art and Science of Forgiving* (New York: Crown, 2001); E. L. Jr. Worthington, *Forgiving and Reconciling: Bridges to Wholeness and Hope* (Downers Grove, Ill.: InterVarsity, 2003).

5

行為：你在做甚麼？

在第三章我們看過了思想方式如何能夠深深影響你的感受。本章我們會看到另一件奧妙的事實：你所做的——即是你的行為——也能夠對你的感受產生很有力量的影響。

可是，如果你曾患上抑鬱症，你也會經歷所謂抑鬱症的「矛盾困局」。你抑鬱，覺得甚麼事情也不想做；但你甚麼也不幹，卻使你更形抑鬱。

你可以用螺旋狀來想像在行為與感受之間的關係。抑鬱症經常是向下迴旋。你愈覺得糟糕，愈不會行動。你終止活動，使你對於自己的被動狀態，覺得內疚和難過，從而使你失去進一步的動力——向下迴旋。不過，從好的方面來說，走下坡的也會往山上奔走。假如你開始採取一些步驟，幫助自己獲得對掌握和享受的感受，也可幫助你與神、與人的聯繫，你會發現自己的感受也開始改變。當你的感受開始改變，你會在未來更有動力採取正面的步驟——向上迴旋。

先讓我們看看你所做的——或你**不**做的——當下。這是抑鬱病患者認為自己通常也會做的事情：睡覺或只是賴牀、看電視、坐在家中、聽收音機、哭泣。你留意到以上列舉的行為種類，是驅使人更加抑鬱的結果，因為它們是被動消極的，讓這樣一個抑鬱的人有足夠機會「浸泡」在負面思想中。

另一方面，有些事情抑鬱症患者通常發覺自己是**不會**做的，但如果他們肯做的話，會覺得有幫助：運動、飲食正確、找朋友、出席小組聚會、裝扮、外出（比留在家中好）。這類行為比較主動和積極，能夠真正幫助人提升情緒。

因此，要理解行為在抑鬱症中擔當的角色，你可以先看有甚麼事情自己現在做會增加憂鬱感，而有甚麼事情是對抗抑鬱的。更具體而言，你可以訂下一些目標：需要減少的無助行為及希望增加的積極行為。目標訂立得具體、實際、符合現實，也很重要。要儘量增加機會，達致成功目標。

抑鬱症患者設定大得不切實際的目標，而使自己受不了，當目標達不到後又多一件事情叫他們沮喪，這並非不普遍。你抑鬱的時候，即使在其他處境看來也是很小的目標也可能叫你畏縮。這是為甚麼你要把目標分解成非常小的步驟，教自己更可能建立目標。

縱然如此，儘管步驟微小，而目標也很可能達到，你起初的反應可能會是「我做不來」。或者，甚至更老實的說：「我不**覺得**喜歡這樣做」。這時候，你不向自己的感受妥協而「只管去做」，這一點尤其變得重要，因為只管去做通常使人感覺更好。你抑鬱的時候，你的第一本能可能是「我覺得喜歡便去做」。事實卻可能是直到你去做了之後，**才**會覺得喜歡這樣做。換句話說，改變行為會強烈影響你如何感受。

還有其他關於建立目標的說話。祈禱求神賜下智慧，倚靠聖靈的指引，明白神對你的靈性上的成長及健康的旨意，尤為重要。今日很多關於抑鬱症的著作也是膚淺，這些書籍採取的方法是把問題視為務求儘快除掉的東西，好使生命能夠「無痛楚、無徵狀」。生命不是積累歡愉，也不是逃避痛苦。這是關乎到藉著耶穌基督的力量而改變，因墮落而被扭曲的人類，得以實現成按照創造原意的神的形像。這段改變的過程無可避免會觸及痛苦，而其中有一種出現痛苦的方式，就是抑鬱症。抑鬱症不僅是我們的敵人，有時候也可能是我們的老師。正如克萊布(Larry Crabb)博士所說：「我們的主要目的不是利用神來解決問題，卻是經歷過我們的困難後而尋求神」。[1]

所以，要牢記的最終問題不只是「我可否使這抑鬱症離開」，還有的是「我是否在變成按照神創造我成為基督樣式的一個人」？

處理抑鬱症

現在讓我們看一些許多人也覺得有助處理抑鬱症的做法。

自我檢測

你怎樣可以知道自己整天到底做過甚麼？抑鬱症患者通常對自己如何實際打發時間並沒有準確的觀念。有助他們了解這方面情況的做法稱為「自我檢測」，或專注一天之內所做過的個別行為。自我檢測的任務可以分為三項步驟。

1. 記錄你的行為。記錄形式通常是時段(多久)、頻密(多少和強烈程度)。其中記錄行為的例子便是使用活動記錄日誌。每晚上牀之前，寫下由起牀直到睡覺期間參與過的主要活動。

抑鬱症患者可能有如下的活動記錄日誌。

7 ：00　睡覺
8 ：00　睡覺
9 ：00　睡覺
10：00　睡覺
11：00　睡覺
12：00　睡醒、看電視
13：00　看電視
14：00　吃午飯
15：00　午睡
16：00　午睡，續看電視
17：00　睡醒，坐在家中
18：00　聽收音機，看報紙
19：00　一邊看電視一邊吃晚飯
20：00　坐在家中
21：00　看電視
22：00　看電視
23：00　洗澡很久，睡覺

這份活動記錄日誌反映了患者是孤立和不活躍的。只要這些資料躍然於紙，並按著每個小時記錄，抑鬱症患者會更容易看到，他／她的孤立與不活躍與抑鬱情緒的關係。

自我檢測可以有所變化，並幫助你追溯極多次數的行為。例如：你想追溯自己如何跟別人聯絡。那麼，你會記錄當日打了多少次電話、有多少次面對面的接觸。有些活動，如果記錄更頻密的話，會更有幫助。例如：你可能無法在當晚記得自己打了多少次電話，你可以每小時寫下記錄。

2. **評估你的行為**。自我檢測的第二步，當你參與任何個別活動的時候，評估自己的掌握與愉快程度。[2]「掌握」所指的是成就感；「愉快」則是享受的感覺。你可以用五分為評分等級，零分是完全沒有，五分是可能得到的最高分數。這樣做不僅是幫助你知道一天之中的活動，也能夠知道你如何經歷每一項活動。透過這個過程，你會更清晰看到所有活動不是次數相同；一些活動更可能跟抑鬱症有關，而其他活動會幫助你更有效對抗抑鬱症。

譬如說，你會把睡眠在掌握一項評為零分，而在愉快一項是一分，而看報紙在掌握與愉快兩項各評為三分。在這個例子，作為你的「抑鬱症破壞者」，閱讀報紙比睡覺是更積極的活動。

這個活動評分的過程幫助你明白，起碼有一些活動會給你愉快和掌握的感覺。在抑鬱症當中有一種具破壞力的影響，這便是使人傾向「孤注一擲」的想法，把生命視為是處於憂鬱狀態中固定不變的鍛煉。為活動評分，有助我們取得更符合現實的觀點——抑鬱症不是整天處於靜止狀態。你的憂鬱浮動不定，起碼有部分是因為你做的事情而有帶來的結果。這可幫助你看到，你不一定是抑鬱症的受害者——是因是果在乎你的選擇。

3. **安排「具備策略的行為」**。自我檢測的第三步是在生活中，安排更多令你更感到愉快或掌握的活動(穩定地被評為三分或以上)。這就是說，你不僅是在一天結束的時候回顧每天的記錄，還把它用作一日之計在於晨的工具。而且，不只是每天使用日誌，還可以每週計劃一次，使你安排活動更有效。

非常重要的是，除了預先計劃活動，還要在每天結束的時後，持續按照愉快和掌握兩方面來評估自己的行為。

把事務分級的功課

有時候你抑鬱，儘管相對而言是很簡單的差事，也像攀登珠穆朗瑪峯那麼困難。把大型事項分解成更小、更易做到的微細事務，讓你可以在某一時間內完成(化整為零)。

把事務分級的功課的例子可以是繳費。甚至你想像處理每一張欠款的單據，然後每張逐一繳付，也足以使你受不了而精神完全癱瘓。怎樣解決這方面的困擾，可按以下把事務分成更小的步驟：一、把單據放在一起；二、先繳付第一、二張單據，然後停下來；三、繳付下兩張單據，持續每次繳交兩張單據，直至繳清所有單據為止(假設這個繳費的方法比收到的單據速度更快！)。處理事務的過程中，每完成一項步驟後，可獎勵自己，通常也很有幫助。例如：你整理好單據在一起後，聽十五分鐘自己喜歡的音樂。採用鞏固你的自我對話也有幫助。例如這樣說：「好呀，我做到了！我完成了第一步。我能夠鬆弛，待會繼續下一步。感謝主，我領受你的力量而好好生活。」

採用「行為試驗」

抑鬱症患者通常是完美主義者；他們只能忍受百分之一百的成功。就算是一點兒的失敗也會帶來具有毀壞力的感覺。如果你屬於這一類患者，嘗試進行帶有輕微而故意失敗的行為試驗，也有幫助。

例如：你真的故意輸了一場遊戲，是為了經歷失敗的滋味是如何，不過，要在相對安全的環境裏進行，好像跟家人朋友玩硬紙板遊戲。這讓你認識到，輸掉遊戲不是世界末日，你不必每次勝出，或者一定要自己完美無暇。

學習確言

一些抑鬱症患者在某些情況裏會感到困難，因為在適當的時候無法表達自己的意見。他們需要學習如何在需要的時候「站起來、講出來、反駁別人」。這方面有一本書很有幫助。[3]

確言通常是被人誤會的概念。很多人把它跟好勇鬥狠和自私心態聯想起來。確言的意義其實是在合適的時間，用合宜的方法，說合宜的事情，而從聖經的觀點來看，亦包括當神希望我們沉默的時候，我們不說任何話。這些仿效基督的確言不僅要符合，甚至是必須學像基督的奴僕生命。

我們要改進確言，不僅需要獲得新知識，也要我們學到新的技巧。換句話說，光是閱讀關於確言的資料，可能不足以助你在學習表達期間有更大的成長。

扮演在某些處境是需要確言的角色——跟牧師、輔導員或值得信任的朋友練習，許多人覺得這是很有幫助的方法。

放鬆／處理技巧

你可能發覺自己在很多處境裏會變得緊張焦慮。以下是一些放鬆／處理技巧，可增加你鬆弛的能力。

1. 慢慢地深呼吸——慢慢地深吸一口氣，感覺到緊張提升，然後慢慢呼出，直到你覺得釋放這份緊張。
2. 定神的自我對話——對自己這樣說：「放鬆、輕鬆點。讓緊張鬆弛。藉著神的幫助，我能夠處理。」
3. 愉快的意象——幻想享受的或愉快的場面，好像躺臥在沙灘上，或在樹林中漫步。

這些技巧能夠同時減少緊張和控制負面思維與感覺。就像學習確言那樣，這些技巧必須透過練習才學到。每天練習一次，在各種現實生活的情況下儘量運用，你將會發覺很有幫助。

聆聽音樂

聆聽令你緩和、安慰、啟發的音樂，以及唱讚美詩，兩者都提醒你，神是偉大全善，通常也使你精神提高，助你覺得憂鬱減少。當然，敬拜神的本意並非當作治療抑鬱症的工具，但真正的敬拜帶來的恩典，包括振奮靈魂的能力(有關主題常在聖經裏記載；例如：撒上十六23；詩七十四21，一四七1）。

顧念身體

抑鬱症的經驗與身體狀況常有緊密關係。注意身體有助治療抑鬱症。以下是一些重要事項：

1. 營養——均衡飲食、足夠維他命和礦物，是精神及身體健康所必需的。有些作者已開始強調營養與情緒高低有決定性的關係。[4]羅斯 (H. M. Ross) 與羅思 (J. Roth) 曾提出關於克服抑鬱與疲倦的二十一天情緒控制餐單。[5]奧米加三脂肪酸或魚油可能有穩定情緒的特性，但尚待更多研究。[6]
2. 運動——把自己投入定時運動計劃中 (特別是帶氧運動，如快步走、緩步跑、游泳及其他)，可為幫助腦部帶來生化轉變，抵消一些抑鬱症的影響。運動計劃不一定要很刻苦——每週三節的三十分鐘運動已經足夠。[7]
3. 睡眠——哈特博士強調，一般人需要更多睡眠。[8]可是，抑鬱症患者的情況稍微複雜。一些患者傾向睡太多，著實是需要別人鼓勵自己睡少些。因此，你需要確切地看清楚自己確實睡了多久。雖然我們每個人對睡眠的需要不同，大部分人每晚需要睡七至八個小時。事實上，有三項研究發現，包括近期二○○四年二月出版的《睡眠》(*Sleep*) 期刊，每晚睡七小時的人活得更久 (刊於《今日美國》〔*USA Today*〕)，二○○四年二月九日，頁4 D)。

處理季節性情感失調 (SAD)

最少有百分之五至六的美國人口曾受到季節性情

感失調的顯著影響。[9]如果你也受影響，接受足夠光量會對你有益——尤其是冬季中白天較短的月份。其實有一種特別裝置，叫做「光盒」，幫助人在種類適當和分量正確的光線下接受照射（更多關於這個問題的資料可參作者列舉的其他書）。[10]

本章集中討論與抑鬱症有關的行為——你做的事情定然影響你的感受。現在我們將會轉移到另一項對抗抑鬱症的武器——你如何思想。

註釋：

1. L. Crabb, *Finding God* (Grand Rapids: Zondervan, 1993), p. 173.
2. A. T. Beck, A. J. Rush, B. F. Shaw, and G. Emery, *Cognitive Therapy of Depression* (New York: Guilford, 1979).
3. R. K. Sanders, and H. N. Malony, *Speak Up! Christian Assertiveness* (Philadelphia: Westminster, 1985).
4. H. M. Ross, and J. Roth, *The Mood-Control Diet* (New York: Prentice Hall, 1990); J. Ross, *The Mood Cure* (New York: Viking, 2002).
5. H. M. Ross, and J. Roth, *The Mood-Control Diet* (New York: Prentice Hall, 1990).
6. A. L. Stoll, *The Omega-3 Connection* (New York: Simon & Schuster, 2001).
7. O. Q. Hyder, *Shape Up* (Old Tappan, N. J.: Revell, 1979); B. A. Stamford, and P. Shimer, *Fitness without Exercise* (New York: Warner, 1990).
8. A. Hart, *Adrenaline and Stress,* Rev. ed. (Dallas: Word, 1995).
9. N. E. Rosenthal, *Winter Blues: Seasonal Affective Disorder. What It Is and How to Overcome It* (New York: Guilford, 1993); R. Sider, Winter depression. *Christian Counseling Today* 1(1): 46, 1993.
10. N. E. Rosenthal, *Winter Blues: Seasonal Affective Disorder. What It Is and How to Overcome It* (New York: Guilford, 1993); P. Whybrow, and R. Bahr, *The Hibernation Response* (New York: Arbor House, William Morrow, 1988).

6

認知：你如何思想？

正如我們在第三章看到，許多人有以下印象：他們感受到的感覺是發生在自己身上的事情所帶來的結果——愉快的環境使人喜樂感恩，而困難則使人傷心憂鬱。不過，更多時候並非如此，引致你感受到的感覺，不是發生在你身上的事情，卻是你對這些事情的**詮釋**。一般而言，你的思想方式會對你的感覺產生莫大影響。

輔導學有一項極重要的發展，這便是出現了認知行為的方法，以作治療抑鬱症之用。[1]雖然各種方法之間存有差異，但彼此之間有一共同理念在當中穿針引線，它們認為各種憂鬱情緒的負面感受是由於扭曲的、極端的、不理性的、不合理的、負面的思想而產生。這份洞察力意味了抑鬱症患者不一定純粹是被動地忍受這些感受的受害者。藉著從負面思想改變為現實的、平衡的、正面的觀點來看自己、看世界、看未來，他們也能夠對抗抑鬱症。

有更多組織的研究證據支持，這些方法對處理抑鬱症及情緒問題具有療效，[2]包括從基督教進路來應付抑鬱症的認知行為治療。[3]

(像我們較早前說，不是所有抑鬱症都是由負面思想引起，牢記這一點是很重要的。抑鬱症也涉及器官組織的、生理的因素或鬼附，這些情況均需要適當的介入，例如藥物或釋放綑綁的禱告。)

持有基督教觀點的作者從基督教信仰的角度，研究人的思想對類似抑鬱症的情緒病的重要性。[4]有一項著名的方法，叫做「糾正誤信治療」，由巴克斯博士研發，他強調「把事實告訴自己」的需要(也許你會有興趣閱讀《正本清源話情緒》(*Telling Yourself the Truth*)。[5]

思想任務不僅包含學習減低誘發抑鬱症的思想方式。基督的追隨者獲神邀請來改變自己，成為一個「心意更新」的新人(羅十二2)。這份轉變是要你從新看自己、看世界、看未來。你是神愛的人，你向父神負責，神也珍重你。同時，經文清楚表明，作為罪人的我們傾向於自我優越的位置來思想(羅一21、28)。故此，重新學習怎樣思想的任務，是超越純粹如何把思想變得更理性或現實(當然判斷理性思想到底是甚麼，是一件很複雜的事情，不只是「那種最可能幫助我達到生命目標的思想類型」)。基督追隨者的目標是學習以基督的心思意念來思想(林後十5)，並如何有同樣顯出耶穌生命特徵的思想模式(腓二5)。

因此，我們的目標不僅是學習更有理性地思想，我們的想法要更合乎基督教信仰。我們開始先學習認識和確認自己現有的、扭曲的思維模式。這一步很重要，因為這些扭曲的思想會植根在我們裏面，而我們一般甚至不會省察到它們存在的事實。基於這個原因，這些思想通常被稱為「無意識思想」。

扭曲的思維模式

訓練自己開始留意你不大注意的事情，這對你來說是很重要的。以下是抑鬱症患者普遍常有的十大扭曲的思想類型。這些類型首先在伯恩斯（David Burns）博士的《感覺良好》（*Feeling Good*）刊載。[6]

孤注一擲的想法

你看事物的思想極端。一旦事情不完美，便是完全的失敗；沒有中庸之道的餘地。例子有：「我的講道不夠力量，或不夠影響力足以吸引大羣人來我的教會。我是這樣一個失敗的傳道人，可能要找其他事工的職分了。」

以偏概全

你拿一件負面的事情，來假設它在任何時間、任何地方都是適用的真正原因。例如：「我跟另一半爭吵，完全缺乏人際關係的技巧，我無法跟任何人相處。」

思想上的過濾

你選擇注意某些事情，只集中負面細節。你不以樂觀的眼光看事物，覺得甚麼事情也是糟透，不從好的方面去看。「小熊維尼」（Winnie the Pooh）的咿唷（Eeyore）就是典型例子，祝他生日快樂的話，他會這樣回應：「對，我又老了一年，更接近死亡」。更人性的想法是這樣：「唉唷，晚上派對我預備的甜品，難吃極了，沒法補救，整個經歷毫無意義。」

否定正面

你編造一些理由，為讚美或正面經驗打折扣，説服自己相信它們並不真的可信。但是，這樣的做法容讓負面思想持續下去，儘管你有正面的證據。例如：「對呀，我考試得了甲等，不過是幸運吧了——他問的內容我只是碰巧知道。除此之外，這課程很容易；如果我真的上很難的課，我一定要退學了。」

妄下定論

你想出負面詮釋或結論，縱使甚少或根本沒有證據支持。伯恩斯博士把這種情況分為兩小類：

1. **測度人心**。你詮釋別人的行為的時候，也想到他們對自己的負面態度，甚至縱然你沒有問清楚，也沒有看看這是否真的是這樣。你假設這是真的。例如：「韋太太跟我聊天的時候看腕錶——我一定使她悶透了。」
2. **預測錯誤**。你估計事情結果糟糕，好像事情已經發生那樣肯定似的。例如：「沒有出版社會接受我這本書的稿件；我們甚至也不用交稿了。」

誇大(災難化)或淡化

這是看好壞事情的兩種方式。你誇張或誇大壞事，把好事貶低或淡化。例如：「我向孩子大叫。我是很差勁的父母；孩子將來長大了，一生也需要治療了」(誇大)；或者「我的確有去廚房幫手，可教會裏的每一個人都是這樣；沒甚麼大不了」(淡化)。

情緒化的推理

你假設，自己的負面感受就是現實的準確寫照。換句話說，如果你覺得是「這樣」，那麼「這樣」是真的了。例如：「我覺得自己剛寫完的論文太差了，所以，它一定真是一份很糟糕的論文。」

「應該」的表達方式

我們認為，這個類別需要一些澄清。一些治療師相信，所有包含「應該」、「一定」、「理應」的表達方式，會不恰當地引起內疚，而應該（！）完全消除。我們肯定，許多人經歷過不恰當的內疚，是由於他們加諸於自己身上的壓力。可是，有一些「應該」的表達方式，反映一些人因應道德要求而產生的罪咎感，它們是適切而可能有幫助的（譬如說：如果希特拉對自己的行為產生罪咎感的話，就會是一件好事。）

不適當的「應該」的表達方式，例如：「作為一個好的基督徒，我從不應該生氣。」

標籤與錯誤標籤

這一類以偏概全的做法，是用傾向負面而極端的名字或標籤。例如：「昨天我沒有祈禱，我是個差勁的基督徒，一個糟糕的罪人。」

針對自己

你把惹起負面事情的責任扛在自己身上，雖然事情不是由你主導。例如：「我們的球隊輸了，都是我的錯。」

除了這些扭曲的**思想形式**，很多抑鬱症患者也有扭曲的信念。埃利斯博士列舉一些最普遍出現的非理性信念。[7]以下是一些例子。

每個成年人逼切需要，讓幾乎每個人都喜歡或認同自己在現實中做過的每件事情。

人應該在所有可能的情況下完全能幹、勝任、成功。

若事情發展非如人所願，這是糟糕、可怕和悲慘。

埃利斯博士確定了一些這類的信念，從聖經的角度來看，其中有些卻是有問題的。我們因此不完全同意他的見解。其實，也有其他作者從基督教觀點討論非理性／不合乎聖經的或謬誤的信念。

例如：瑟曼 (Chris Thurman) 博士列出這類錯誤信念及引用來指正錯誤的經文。[8]它們包括：

因為我是基督徒，神會保護我，免於痛苦與苦難 (參看彼前四12～13；約十六33；腓一29) 。

滿足其他人的一切需要，是我作為基督徒的責任 (參看林前十二27～31；羅十二6～7) 。

一個好的基督徒不會發怒、焦慮、憂鬱 (參看約十一33～35；可十一15～16，十四32～34；弗四26) 。

怎樣改變扭曲的思想

現在，你對於人如何普遍傾向扭曲個人思想的景況有了一副整體的圖畫。可是，只要這些景況仍是抽象，對你來説不大有作用。所以我們要走向更關鍵的一步：學習確定**你**如何特別容易使思想扭曲。只要察覺到這些導致抑鬱症的思想，你便會進一步向它們挑戰和對抗。這些思想在你的精神戰場上被打敗後，你接著便可以用實際的、坦率的、合乎聖經的、準確的思想取而代之。

以下方法有助你改變扭曲了的思想。

「ABC」日誌

我們已經看過情緒經驗的「ABCs」。改變思想的第一步是察覺到抑鬱症背後的負面思想。習慣使用「ABC」日誌有助達成這個目標的方法。使用方法是把日誌分為A、B、C三欄。你應該把任何引起情緒不安或憂鬱感覺的事件或處境記錄在A欄；而情緒不安或憂鬱感覺填入C欄。最重要的是，你應該寫下跟憂鬱感覺有聯繫的想法或自我對話，填進B欄。若可行的話，這些想法不應該是與深刻或直接感覺有關的急躁的認知或激動的思想。這些被記錄在C欄的直接感覺也應該用零至一百分為指數，來評定抑鬱程度(零分是完全沒有抑鬱，一百分是可想像到的最強烈的抑鬱感覺)。日誌可以是這樣：

A	B	C
(觸發的事件或處境)	***(信念或自我對話)***	***(結果—感受與行為)***
「測驗我拿了丙級。」	「我跟自己說，我真是又笨又蠢。我認為自己不可以進研究院了。我是一個叫人洩氣的失敗者，真的使家人失望透。」	「這件事使我覺得又討厭又憂鬱」(抑鬱程度八十分)。

只要你得到省察情緒生活ABCs的技巧，可以加上另外兩欄。D欄代表對記錄在B欄的扭曲思想的「駁斥」。E欄是那些駁斥感受和行為帶來的最終「效果」。例如：

D	E
(駁斥)	***(最終效果—感受與行為)***
「我不喜歡拿丙級，但這不是世界末日。下次測驗我可以更勤奮些，做得更好。我仍然有進入研究院的大好機會。我不是真的蠢材。這個丙級沒有使我成為失敗者。沒有證據證明家人對我失望，即使是這樣，也不會使我成為失敗者。」	「我仍然覺得對成績有點失望，但是我不再憂鬱，或因為這樣的成績而完全停頓下來。其實，我覺得不錯，能夠駁斥自己的想法，不再因為最初的感覺而變成失敗者」(抑鬱程度二十分)。

使用「ABC」技巧及記錄「ABCDE」日誌均是非常有效的方法，不僅幫助你省察扭曲的思想，並且也有力量挑戰它們。

喊停思想

有時候你可能會難以控制那些引起憂鬱感的反覆思想。在這種情況下，採取「喊停思想」的步驟也許有些幫助。你應該舒適地靠著椅背坐下，閉上雙眼，幻想那些不斷重複的負面思想。就讓這樣子過一會兒，你接著大叫：「**停**」！起初幾次你會覺得怪怪的，不過這樣喊出來是有幫助的。這樣叫「**停**」通常會打擾你一再出現的負面思想，假如它們僅僅是隨時產生。

練習叫停了幾次後，當任何時候這些思想浮現的時候，你可以靜靜地說「**停**」了。有些人的手腕戴上彈性橡皮腕圈，只要負面思想一出現，他們會劈啪地彈打那橡皮腕圈來告訴自己「**停止**」胡思亂想，這也是挺有用的。喊停思想不一定總是湊效，不過它可於瞬間停止這些重複的負面思想，幫助你轉向更現實、更符合聖經、更正確的思想。

認知的重構

認知的重構所指的是藉著一些方法把負面扭曲的思想改變成更現實的、更正確的、更符合聖經的思想。[9] 以下問題有助你自己進行認知重構。

你的信念或結論有甚麼證據支持(假設這是扭曲的信念或結論)？

對這個處境的另一種看法是甚麼(另選替代的詮釋)？

假設你的信念或結論是正確或真實，那麼，它們對你有甚麼意義(這是「怎麼樣」的問題)？

你猜想神對此有甚麼看法？

明智運用這些問題，幫你看到人是有選擇的，而你有更正確的方法看自己、看你的世界，也看到不會使抑鬱症發作的將來。你也應該藉著另一套更適當的想法，強而有力地駁斥扭曲的思想。

克萊布博士曾發表特別有用的資料，他強調滿足以下需要的重要性：[10]在跟視為主和救贖者的耶穌基督建立個人而有愛的關係中的重要價值(意義或影響)及安全感(愛或關係)。根據克萊布博士，思想上的基本謬誤，在於相信以上的需要，是在於建立成功的、其他事物、或甚至視乎其他人的處境中才得到滿足，而不相信跟耶穌基督建立親密而充滿愛的關係中，便可以滿足這些需要。

獻上感恩的禱告

聖經教導我們，基督徒藉著感恩祈禱，有助戰勝焦慮(通常與抑鬱症並存)及情緒上的不安(參看腓四6～7)。感謝神在你生命中的祝福，這會對你有益，也因此帶來改變思想模式的益處。

幽默感

箴言十五章15節與十七章22節說到歡笑帶來益處的效果。幽默使我們對自己與世界的看法更接近現實。抑鬱症患者通常是過分認真，卻又常常渴望歡笑。培養溫和而敏銳的幽默感會對你有幫助。

閱讀自助書籍

雖然各大書店的貨架上，擺放了不少也許膚淺而陳腔濫調的「自助書籍」，至於一般抑鬱症和與心靈健康有關的資料，當中內容還是有用而不膚淺的。[11]在你腦海中是有一項對抗抑鬱症而極貴重的資產，這就是把自己想像為學習活出健康情緒的學生，這或許會建立你。增強這些想像的其中一項方法是持續閱讀優質刊物，尤其是根據基督教觀點寫作的書籍。[12]市面上也有幾本有助讀者面對雙極化情緒病的書籍，[13]包括有基督教觀點的書籍。[14]

根據聖經的默觀祈禱與默想

禱告與默想著實是遠超於使人容易避免抑鬱的簡單手段；它們是屬靈生命成長及活出健康情緒的基本操練。歷代有智慧的基督徒均明白，培養及鍛煉精神層面的必要性，是叫祈禱更能夠有效力，並讓經文改變思想的方式。一些靈修書目，如伊納爵（Ignatius）的《屬靈操練》（*Spiritual Exercises*），數百年以來幫助引領數以百萬計的基督徒。而且，聖經裏的一些段落或章節，[15]特別幫助你與抑鬱症角力的內省和默想（例如：書一9；詩二十三、四十二、四十三、五十一各篇，六十二5～8，六十九篇；賽四十29～31，四十一10，四十三1～4、25，四十四22，四十六4，四十九15～16，五十三5～6；哈三17～19；迦三17～20；約十四18、27，十六33；羅八15～39；約壹一9；啟七16～17）。

以上三章我們看過了你可以採取的步驟，用以改變感覺、行為與思想的方式。然而，還有其他超越「自助」的資源可供使用。下一章我們將會看到其他有關資源。

註釋：

1. A.T. Beck, A. J. Rush, B. F. Shaw, and G. Emery. *Cognitive Therapy of Depression* (New York: Guilford, 1979).
2. C. J. Robins, and A. M. Hayes, An appraisal of cognitive therapy. *Journal of Consulting and Clinical Psychology* 61(2): 205~214, 1993；D. Chambless, and T. Ollendick, Empirically supported psychological interventions: Controversies and evidence. *Annual Review of Psychology* 52: 685~716, 2001; S. Y. Tan, Empirically supported treatments. *Journal of Psychology and Christianity* 20: 282~286, 2001.
3. S. Y. Tan, and W. B. Johnson, Cognitive-behavioral approach. In *Spiritually-Oriented Psychotherapy: Contemporary Approaches,* eds. L. Sperry and E. Shafranske. (Washington, D. C.: American Psychological Association, 2004); E. L. Jr. Worthington, and S. J. Sandage, Religion and spirituality. *Psychotherapy* 38: 473~478, 2001.
4. S. Y. Tan, Cognitive-behavior therapy: A biblical approach and critique. *Journal of Psychology and Theology* 15: 103~112, 1987.
5. W. Backus, and M. Chapian, *Telling Yourself the Truth* (Minneapolis: Bethany House, 1980).
6. D. Burns, *Feeling Good* (New York: Signet, 1980).
7. A. Ellis, and R. A. Harper, *A New Guide to Rational Living* (North Hollywood, Calif.: Wilshire, 1975).
8. C. Thurman, *The Lies We Believe* (Nashville: Nelson, 1989).
9. M. McMinn, *Cognitive Therapy Techniques in Christian Counseling* (Dallas: Word, 1991); L. R. Propst, *Psychotherapy in a Religious Framework: Spirituality in the Emotional Healing Process* (New York: Human Sciences, 1988); H. N. Wright, *Self-Talk, Imagery, and Prayer in Counseling* (Waco: Word, 1986).
10. L. Crabb, *Effective Biblical Counseling* (Grand Rapids: Zondervan, 1977); L. Crabb, *Understanding People* (Grand Rapids: Zondervan, 1987); L. Crabb, *Inside Out.* Colorado Springs (Colo.: NavPress, 1988).
11. M. Broida, *New Hope for People with Depression* (Roseville, Calif.: Prima, 2001); D. Burns, *Feeling Good* (New York: Signet, 1980); M. E. Copeland, *The Depression Workbook.* 2nd ed. (Oakland, Calif.: New Harbinger, 2001); D. Greenberger, and C. A. Padesky, *Mind over Mood* (New York: Guilford, 1995); P. M. Lewinsohn, R. F. Munoz, M. A. Youngren, and A. M. Zeiss, *Control Your Depression* (New York: Fireside/ Simon and

Schuster, 1992); D. Papolos, and J. Papolos, *Overcoming Depression.* 3rd ed. (New York: HarperCollins, 1997).

12. D. B. Biebel, and H. G. Koenig, *New Light on Depression* (Grand Rapids: Zondervan, 2004); A. Hart, *Dark Clouds, Silver Linings* (Colorado Springs, Colo.: Focus on the Family, 1993); A. Hart, *Unmasking Male Depression* (Nashville: W Publishing Group, 2001); A. D. Hart, and C. A. Weber, *Unveiling Depression in Women* (Grand Rapids: Revell, 2002); F. Minirth, and P. Meier, *Happiness is a Choice.* 2nd ed. (Grand Rapids: Baker, 1994); H. N. Wright, *Beating the Blues* (Ventura, Calif.: Regal, 1988).
13. J. Fawcett, B. Golden, and N. Rosenfeld, *New Hope for People with Bipolar Disorder* (Roseville, Calif.: Prima, 2000); D. J. Miklowitz, *The Bipolar Disorder Survival Guide* (New York: Guilford, 2002); D. Papolos, and J. Papolos, *The Bipolar Child* (New York: Broadway Books, 1999); J. Scott, *Overcoming Mood Swings* (New York: New York University Press, 2001); E. F. Torrey, and M. B. Knable, *Surviving Manic Depression* (New York: Basic, 2002).
14. P. Meier, S. Aterburn, and F. Minirth, *Mood Swings* (Nashville: Nelson, 2001).
15. J. G. Kruis, *Quick Scripture Reference for Counseling.* 3rd ed. (Grand Rapids: Baker, 2000); P. A. Miller, *Quick Scripture Reference for Counseling Women* (Grand Rapids: Baker, 2002).

7

自助以外的選擇：
運用其他資源

在生命裏的一些領域，很容易使人知道何時尋求協助。

本書的兩位作者在遇到任何機械問題，尤其是汽車故障的時候，也會被「診斷」為機械功能失調。我倆曾分別在路上經歷汽車失靈，也總會做同一件事情——檢查車蓋下的組件。為甚麼我們會這樣做，還是一個謎。車蓋下沒有大型「開關鍵」把汽車「關掉」，況且整組引擎也沒有不見；其實，我們壓根兒不知道發生了甚麼或接著會發生甚麼事情來。為了使汽車再次行走，我們明顯需要一些超越自己的外界幫助。

人在生活中的情緒，有些時候需要自身以外的幫助。我們的情緒在生活中就像汽車那樣，到了一些時候總會頓為受困。如果你嘗試過像輪胎洩氣那樣的情緒毛病——譬如說溫和的抑鬱症——你可以靠著自己去修補有需要的地方(也許是用一份不錯的手冊來察驗自己)。可是，有些時候，你發覺自己進退維谷，儘管是多麼努力，也無法叫生命再度前進。停滯在抑鬱症裏可能會是一段很長的歲月。發生這種情況的話，便是時候要認真考慮採用超越自己和個人努力以外的資源了。讓我們看看甚麼時候、在甚麼地方尋找進一步協助，好教你在路上從新出發。

如何知道甚麼時候自己需要進一步協助

有三項因素可幫助你決定自己是否需要進一步處理抑鬱症的協助：

1. 頻密程度。這是指你相隔多久會有抑鬱症發作——每天、每週、每月或其他。
2. 持續時間。每次抑鬱症發作維持多少時間，可能由數小時至數週，或甚至數以月計。
3. 嚴重程度。這是指抑鬱症的強烈或嚴峻程度，可根據由零分至一百分的指數來評估抑鬱症的程度。這純粹是你對自己在情緒上感受到抑鬱程度的主觀評分，零分相等於沒有抑鬱，五十分是中度抑鬱，一百分相等於嚴重的抑鬱狀態。

如果你經歷抑鬱階段頗頻密(每天發作至每週數次)，也經歷了相當長時間(徵狀——雖然可能是斷斷續續的——維持超過兩週或更長的時間)，以及出現顯著的嚴重程度，那麼，你可能要考慮尋求外界的援助。

你會發現，如果你已經定期記錄「ABC」日誌，這會有助你掌握處理以上抑鬱症的三方面。抑鬱症帶來其中的一項影響，是扭曲患者準確感知現實的能力，所以，保留每天活動的文字紀錄，能夠為你提供自己患上抑鬱症的真實寫照。

除了以上提及的三方面之外，評估你正患有抑鬱症的徵狀數目——或躁鬱(雙極化情緒病)，也會有幫助(參看第二章討論有關抑鬱症及躁鬱或雙極化情緒病的主要徵狀)。根據一般做法，你愈多經歷這些徵狀——尤其是持續不斷的——你要愈加認真考慮尋求外界協助。尤其假如你抑鬱的程度足以使自己經常認真想結束生命的話，你應該立即約見心理健康專家。

還有，除了抑鬱症的徵狀之外，你也許還有想找尋外界協助的其他理由。抑鬱症不僅影響生活中的情緒，也影響到各種安好狀態，包括由財務、假期至各種關係而引起的嚴重問題：

- 法律上的困難
- 嚴重的財務需要
- 醫療協助需要
- 性／肉體／精神虐待
- 濫用藥物、酒精或其他物質(抑鬱症患者為了麻醉自己的抑鬱感，嘗試藉著酒精或藥物「治療自己」，這是很普遍)
- 挑釁行為
- 其他情緒不穩定的行為

你可以尋求進一步協助的地方

先讓我們討論一些在持久嚴重的抑鬱症病例中特別需要的資源。在這些病例中，找一位心理健康專家的協助是十分要緊的。至於嚴重的抑鬱症或躁鬱(雙極化情緒病)病例，精神科醫生的幫助尤為重要，因為適當的藥物治療或其他的藥物介入也許是必須的。輔導服務或心理治療也許亦有用，可由心理學家、精神科醫生、婚姻及家庭治療師、輔導員、社工、精神科護士或其他心理健康專家提供。

有時候，雖然如此，第一步首先是尋求你自己的牧者輔導，牧者可以幫助你決定到底是否需要轉介到一位心理健康專家。很不幸，牧者經常被視為(有時候甚至他們自己也會這樣認為)價廉而外行的輔導來源，只可解決不太糟糕的問題。我們相信，正確認識到牧養輔導是關注整個全人的健康，特別是注意人與神的連通關係。雖然大部分牧者不是心理健康的專家，他們卻是抑鬱症信徒尋找的第一位「幫手」。他們可以提供短期牧養關顧與輔導，並會安排適當的轉介。

牧養輔導有一種具體的類別，名為「策略性牧養輔導」，是由貝內爾博士發展出來的。[1]「策略性牧養輔導」的設定是簡短的、限時的、整全的、有結構的、集中靈性的、毫不含糊地符合基督教的，並要求信徒在處理抑鬱症的時候，主動學習和閱讀材料。使用這種方法的牧者會採取主動帶領的方式，發展一種與信徒互相合作的輔導關係，集中某一具體的核心問題，並且維持有時間限制的關係(通常是五節)。(會面節數可以分在數週或甚至數月內進行)我們提及這種輔導類型，因為本書雖然可供獨立使用，卻也可以跟策略性牧養輔導的材料一同使用。

尋求協助的時候，重要的是找到一段你會經歷彼此極度信任而覺得舒服的關係。找一位好的輔導員就好像消費者那樣謹慎(如果是繳費服務，其實你也是消費者)。在首一、二節會面中，說明對這段幫助自己的關係，有甚麼目標和期望，也會很有幫助。

有時候，找一個適當人選來幫助自己，可能需要對方有相若的種族或文化背景來配合。這不是說輔導員一定要跟接受輔導服務的對象有相同的種族或文化背景，但他們必須審慎處理服務對象的背景。

抑鬱症其中的一個問題，就是抑鬱症患者傾向孤立自己，剝奪自己得到適切的關顧，儘管他們倒是最需要這種關顧的對象。基於這個原因，在你抑鬱的時候，參與由支援人士組成的愛與關顧小組，是非常重要。甚至即使你覺得只是很輕微的抑鬱，參與小組活動也是很要緊的，這不僅避免輕微的抑鬱狀態每況愈下而變得嚴重，也幫助你在靈性上和關係中得到成長。

一些教會也透過小組來建立特別的事工，好像有復康小組(例如：有些人因癖癮、家庭功能失調、虐待及其他問題而掙扎)及支援小組(例如：喪親、失業、單親及其他方面等困難)。你可能察覺到這些小組的支持是特別有幫助。

許多教會設立非專業的輔導／關顧事工。教會藉著非專業的輔導員來服事人，是擴展牧養關顧與輔導工作的方法。非專業關顧者通常也有更多可付出的時間。尋求非專業輔導員援助也是你另外的一項選擇。如果你決定尋求非專業輔導員的援助，便要確定他或她曾接受嚴格挑選及訓練，並持續接受定期督導。[2]

當然，運用這些資源是假設你參與的教會是擔當醫治服事的社羣。重要的是，你選擇適合的教會，這家教會提供了愛與關懷的環境，容許人知道自己的問題和掙扎，從而找尋適當的幫助與醫治。[3]可是，教會固然是提供醫治的社羣，可這不是教會的惟一目標。教會的醫治層面必須建立在這樣的背景之下：教會也是委身福音、世界宣教、敬拜、代禱、建立靈命、屬靈操練、領袖訓練、社會行動、教導／傳道事工及其他方面的社羣。

關於醫治事工，很多教會的祈禱事工隊也會向有個別需要的人士提供代禱服事。因此，這些祈禱事工服事，若有的話，你要求他們為你代禱，將會使你得益。還有，你的教會可能有其他資源，藉著成人教育課程及退修，這些資源包括聚焦在成長與醫治、強化家長與婚姻方面或促進關係等範疇。

還有一方面是關於最後的資源。歷史上，幫助基督徒靈性長進的操練是在「屬靈操練」類別中討論(例如：獨處、祈禱、讀聖經及默想、禁食、敬拜、團契、簡樸、服事、見證等範疇)。有時候這種操練會被誤解而規限為某些「屬靈」活動。有時候，一些人錯誤地假設「操練多多，靈命便有序」而追求下去。

回想也許有用。開始先了解，假如你真的按照耶穌教導的生活方式，生命將會如何。嘗試後，你會注意到某些阻礙，例如愛你的仇敵或在試煉中喜樂。這時候屬靈操練便派上用場；藉著屬靈操練的活動，你獲得從神而來的能力，真正活出跟從耶穌教導的生命。一些廣泛應用的屬靈操練(例如：禱告、默想經文、獨處及靜默、禁食、團契、敬拜、服事、認罪、簡樸等方式)曾在一些書籍討論過。[4]雖然這些操練中有很多是可以獨自練習，但還有其他練習只適合在羣體中採用。這說明了另一個原因，為甚麼我們作為定期參與教會團契的成員，要與其他追求靈命與整全的信徒在教會裏合一。

你不是孤單的。我們看過了不少資源，可幫助你走出自助的局限，去抗衡抑鬱症。當然，這些資源是配合前文討論過的所有策略，而不是取代它們，這些策略不只是你自己——還藉著神的幫助——才能夠付諸實行，資源與策略是可以一起運用的。在最後一章，我們會細察患者跟抑鬱症掙扎的實況。

註釋：

1. D. Benner, *Strategic Pastoral Counseling* (Grand Rapids: Baker, 1992); D. Benner, *Strategic Pastoral Counseling.* 2nd ed. (Grand Rapids: Baker, 2003).
2. S. Y. Tan, *Lay Counseling: Equipping Christians for a Helping Ministry* (Grand Rapids: Zondervan, 1991).
3. L. Crabb, *Connecting* (Nashville: Word, 1997); L. Crabb, *The Safest Place on Earth* (Nashville: Word, 1999); J. Ortberg, *Everybody's Normal Till You Get to Know Them* (Grand Rapids: Zondervan, 2003); S. Y. Tan, *Rest: Experiencing God's Peace in a Restless World* (Vancouver, B. C.: Regent College, 2003).
4. R. Foster, *Celebration of Discipline* (San Francisco: Harper & Row, 1978); R. Foster, *Celebration of Discipline.* Rev. ed. (San Francisco: Harper & Row, 1988); J. Ortberg, *The Life You've Always Wanted: Spiritual Disciplines for Ordinary People.* Expanded ed. (Grand Rapids: Zondervan, 2002); S. Y. Tan, and D. H. Gregg, *Disciplines of the Holy Spirit* (Grand Rapids: Zondervan, 1997); S. Y. Tan, *Rest: Experiencing God's Peace in a Restless World* (Vancouver, B. C.: Regent College, 2003); D. Willard, *The Spirit of the Disciplines* (San Francisco: Harper & Row, 1988).

8

個案研究

本章我們敍述一位抑鬱症患者掙扎的虛構個案。我們這樣做是基於數個理由。首先，你可以知道怎樣運用我們在本書討論過的材料。第二，你亦可以看看，自己是否應該決定，透過策略性牧養輔導或其他相似的短期結構的牧養輔導服事，從而尋求協助。請記住，跟抑鬱症掙扎的時候，其實你並非孤獨——除了婚姻觸礁之外，比起其他個別問題，牧者有更多時候被要求輔導抑鬱症個案。

阿占是單身高加索男性白人，剛剛過了三十歲。雖然他已經數週覺得有些抑鬱，在三十歲生日的前兩天他卻失去工作，自此他甚至開始持續覺得低落。這件事情發生後的兩個星期，他只有些許精力和很少的推動力，無法享受生命中的正常歡樂。現在他失業了，知道自己應該主動找工作。可是，要推動自己去寄出履歷和安排面試，他覺得很困難。

阿占過往一直是工程師，老闆告訴過他，他獲選定了晉升經理級的職位。不過，由於經濟長期滑落，公司於是大量裁員，因為阿占缺乏年資和年齡不足，他也成為失業者。隨後很快踏上三十歲的里程碑，甚至這更教他愈加痛苦。他以前以為自己會在業界中好好建立，婚姻愉快，養活一家。但是，他目前不僅仍是一個單身漢，還跟拍拖的女朋友爭吵更多。他們約會了兩年。女朋友對於他不能委身於婚姻，變得不耐煩，可惜阿占覺得自己無法作出這樣的承諾，尤其是在他現在不穩定的就業情況之下。同時，他害怕失去她，他卻覺得向女朋友表達自己真正的感受，也是難於啟齒。他覺得自己一敗塗地，包括事業與關係兩方面。

除此以外，阿占覺得自己的屬靈生命停滯不前。就在這段他最需要上帝的日子，他卻感到自己的靈命已枯竭了好一陣子。

於是他挑了一本處理抑鬱症的書，幫助自己應付以上情況。當他反省自己的經驗時，他承認自己已經有一些抑鬱症的徵狀——幾乎整天憂鬱或煩躁，對於大部分的日常活動失去興趣和快樂，異常地睡眠過多——然而他甚至比平常缺少精力。他也覺得自己沒有價值，是個失敗者，也出現集中注意力的困難。縱是這樣，他還沒有抑鬱到考慮自殺的地步。他察覺到自己的抑鬱症，部分是(當初)對工作及(最終)失去工作的不確定狀況而帶來的結果。

最初，阿占以為，他可以靠自己處理這個問題。那本書給他一些更有效應付抑鬱症的提議，他也嘗試過當中的幾種方法。他更努力嘗試自我對話的練習，嘗試叫自己想得更加正面和合乎現實。他嘗試在當天進行讓自己更開心的活動。他也開始運動計劃，每週三次快步走，不過僅僅維持一個星期而已。他嘗試邀請一位朋友分擔他的掙扎，以獲得別人的支持和代禱，而他卻是難於開放自己。還有，他的朋友不像明白似的。最後，他嘗試跟女友探討彼此關係的將來會如何，但是阿占不得不向她承認，他真是無法使自己作出她期望的承諾。女友告訴他，對他十分失望和煩惱，不能繼續再這樣子下去。這樣教他比以前更加抑鬱。

這時候，阿占清晰知道自己是困頓了，需要外界幫助自己以得到進展。他不肯定是否需要專業的輔導服務，於是決定先跟自己的牧者談談。他頗認識這位牧者；進入大學後便開始加入這家教會。他致電牧者，牧者為叫阿占放心，便表示自己很高興，因為阿占採取了向人說出個人困難的這一步。牧者跟阿占約定了會面時間，並告訴阿占，他的牧養輔導通常頂多只有五節，每節一小時，會在數個星期內間歇見面。可是，如果需要進一步協助，他會為阿占安排適切的轉介，或有需要時，便繼續多會面幾次。約定會面時間後，阿占期待第一節的來臨，他為此高興不已。

以下是實際會面時可能出現的討論內容及評論。在評論部分，我們會嘗試看看抑鬱症是如何在該節中被論述，以及在有效的牧養輔導中找到的特點。

第一節

阿占赴約到牧者輔導的第一節會面，遲了幾分鐘才到達教會。牧者招呼阿占後，邀請他進入辦公室，阿占為自己遲到了一會兒而道歉。他們一起坐下，牧者為了叫阿占放心，表示自己接到他的來電而感到高興，他也提醒阿占，這一節會面是一小時，可能共有五次見面節數。牧者也解釋，除非牽涉危害自身、其他人、虐待兒童或老人的險況，一切說過的內容將會保密。

接著，牧者邀請阿占說出更多有關在電話中表達過的問題，好讓他一同分擔。

阿占開始時，再次為自己遲到了一會兒道歉，也解釋他一直已經有「動身」的困難。他然後總結上文描述的問題。

評論：本節的這一部分大概有十五分鐘，牧者只說了很少話，主要是聆聽對方。

牧者無言無語，藉著溫暖的聆聽姿態，向阿占表達關懷和理解，期望可以鼓勵阿占願意開放自己。牧者開口說話，有幾次很有幫助，給予了適切的評語，好像「剛過三十歲便失業，一定很痛苦了」、「聽起來這兩個星期很難過呢」。這一刻，一位好的輔導牧者不會嘗試幫助阿占，獲得深入的見解或解決問題；反而，他或她的主要目標是向對方傳達同理心與衷心理解，令阿占能夠建立彼此信任的關係。當然，牧者自己需要清楚知道阿占的問題的本質與嚴重程度。一位好的輔導牧者還會在第一節會面時，提及保密原則及其限制。當你需求輔導的時候，在某些條件之下，有可能或將會違反那些保密原則，好像是危害自身(有自殺高危)、危害其他人、虐待兒童或老人，你明白這些條件會違反保密原則是很重要的。

這時候，牧者繼續問一些問題，是為了要更清楚看到阿占的情況。

牧者：挺清楚的，阿占，你覺得憂鬱：你提到自己覺得心情很低落，很多時候缺乏精力，你說自己很多時候躺在牀上，比平常睡得更多。如果我問你，根據零分至一百分的指數來評估你抑鬱的程度，零分是沒有抑鬱，五十分是中度抑鬱，而一百分是嚴重抑鬱。你會怎樣評估自己抑鬱的程度？

阿占：對，牧師，我已經有幾個星期一直覺得抑鬱，我會評估自己的抑鬱程度有六十分，雖然可以是四十分至八十分。

牧者：你可有情緒低落到想過結束一切或結束自己的生命？

阿占：嗯，不算認真的。有時候我但願主接我回天家。

牧者：告訴我你的意思多一些。

阿占：我不是說要殺死自己或輕生，但有時候，我希望自己不必活下去，那麼就不用再面對痛苦。

牧者：所以你沒有真的打算過自殺，但是你曾盼望自己現在就住在天家？

阿占：對，就是這樣。

牧者：通常隔多久會有希望死去或回到天堂的想法？

阿占：哦，不是經常的，可能每幾個星期一次——只是掠過的想法。順帶一提，牧師，你不須擔心我會傷害自己，因為我是基督徒，我相信結束自己的生命是錯的，我不會這樣做。

牧者：我很高興你對我澄清這一點，阿占，但我要多問一條問題，我覺得這是重要的。因為你沒有想過結束自己的生命，我假設你沒有構思結束生命的計劃，這樣說是否正確？

阿占：對，牧師，我沒有想過自殺的具體方法。

牧者：阿占，謝謝你在這方面那麼誠實。我想你知道，在一些情況，假如你有想過結束這一切的更激烈想法，你務必要來找我，這是很要緊的。我希望你不要介意，但我多問一兩條問題也是需要的，好讓我清楚看到你的實際景況。除了你的抑鬱感之外，你也曾否經歷情緒上的改變，有一段時期情緒高漲，思想快速而其他人也難以跟上你，有時說話非常快和激烈，或你很難控制自己的衝動，例如：花掉很多金錢在盡情的狂歡作樂中？

阿占：牧師，你的意思是，好像我曾經過度興奮或躁狂？很不幸，都沒有，只有抑鬱。我倒希望自己有那麼多精力。

評論：牧者在這部分的任務挺艱巨，為要探索阿占經歷的抑鬱程度和他可能患上甚麼抑鬱病類型。他這樣做，不是「業餘者的畏縮」，而是決定這時候是否需要轉介到心理健康專家——或甚至入院治療。牧者提出的問題，是關於抑鬱程度、自殺風險的程度及雙極化情緒病或躁鬱症的潛伏可能性。阿占的答案顯出他正經歷中度抑鬱，不算嚴重，自殺風險很低，沒有患上雙極化情緒病或躁鬱症的顯示。可是，牧者明智地讓阿占知道，如果他的抑鬱惡化至湧現更多自殺的具體念頭和計劃，便要聯絡牧師了。在抑鬱症的病例中，判斷情緒失調的嚴重程度與類型尤為重要。

牧者的下一步是在繼續探究阿占的屬靈健康狀態前，先探索阿占的核心問題及相關的個人歷史。

牧者：言歸正傳，阿占，關於我們開始這一節的時候說過的，你能否告訴我更多有關你的家庭背景，而這會如何影響到你處理這些問題的處理手法？

阿占：我是家中獨子。父母親挺平凡。我估計，我們是有「功能失調」的家庭或是甚麼的。不過，我總覺得在很多壓力下成長。就好像——尤其是從我爸爸來——無論我多麼努力，總是做不夠。如果我帶回家的成績表有四個甲等和一個乙等，他總要我解釋那一科為甚麼會滑落到乙等。我會答應下個學期更努力唸書，而我是可以的，不過他永遠不會滿足，我估計我學習到的是永遠不滿足自己。其他讓我為難的事情，是我爸爸是很喜歡運動的。運動我也不賴，但我沒有運動細胞。高校第一年我去玩欖球——我爸在高校和大學時是出色的欖球員，他總要我步其後塵——在練習的最後一天，我被趕出球隊。我爸發現的時候，開始向我大叫，問我為甚麼不更努力些。我開始哭，他用厭惡的眼光看著我。我記得他跟我媽說：「唉，你總想要女兒。我想，你夢想成真了」。這段記憶多年來與我並存，繼續不時纏繞我。我相信，因為這些經歷，我總是對自己嚴苛，不時容易有抑鬱感。

牧者：聽起來你父母，尤其是你父親，在運動和學業方面，給你很高、甚至是完美主義的標準。你多年來覺得自己不夠好；其實，有些記憶今日仍殘留在你的腦海中。於是你為難自己。在生命裏承擔這樣的重擔那麼久，你一定覺得很辛苦、很痛苦。

阿占：很辛苦——你明白就好了。我嘗試過對朋友說出來，但是他們只告訴我應該讓過去的過去，多些倚靠神。

牧者：告訴我多點關於你的屬靈生活和經歷神的體驗。

阿占：在大學時我成為基督徒，我在神裏面找到在家找不到的愛。不過，最近我的屬靈生活枯燥。我更努力祈禱，多些讀經，但是沒有甚麼進展。最近，坦白說，我甚至覺得完全不喜歡禱告。或者我的問題是我對神的信心不夠。有時候，我想，神其實是生我的氣——不僅我的工作和人際關係失敗，我也覺得自己像個屬靈敗將。

牧者：我明白在屬靈生活中你覺得洩氣和空虛；雖然這樣，我不會說，神會因為你覺得祂是這樣而生你的氣。當你想起神，腦海中通常會湧現甚麼來？

阿占：嗯，我知道神是我的父親，我知道祂愛我，在過去我感受過祂的愛，我估計，近期我沒有經歷到神像是愛我的父親那樣——祂倒是更像一個我一直辜負的工頭。這是為甚麼我認為這一次祂是多麼生我的氣。

牧者：抑鬱的人對自己、對世界、對經歷神有負面想法，這是很普遍。通常這些思想包含一些扭曲的想法。我認為我們在以後會面時更深入探討，對我們會有幫助。

評論：牧者問阿占有關他的家庭背景以及這些背景與他現在的掙扎是如何相關，因為與抑鬱症相關的負面思想、近乎完美主義而嚴苛的自我評估可能植根在早年的家庭關係中，尤其是父母與孩子之間的關係。有效的輔導關係是積極探討家庭與個人歷史的相關問題。在這個病例，譬如說，他們不僅討論父親如何把完美主義與嚴厲的表現標準加諸阿占的身上，牧者還幫助阿占面對關於運動敗將的創傷回憶，那次挫敗已經持續影響他。

在牧養輔導期間，你不單要看到心理徵狀，還要細驗當前處境所帶來的屬靈意義。牧者因此繼續探索阿占的屬靈生命和經歷神的體驗。再一次，阿占顯然有些嚴重的障礙和扭曲的概念，把神視為一個憤怒的神，而不是他曾經歷過的慈愛主。還有另一方面是需要牧者進一步在陸續的會面中介入。牧者簡略地指出，整個會面過程維持基本的同理心、溫暖、關懷的姿態去聆聽：他不會給予草率的意見，對於這一點阿占是很感激。

這一節會面的最後十至十五分鐘是共同專注把這些元素集合，一起為這次輔導達成一致的焦點(與目標)，這是第一節的最後任務。如果你尋求輔導，在首次會面前，值得花點時間想想你希望透過輔導完成甚麼目標。

牧者：在我們最後的數分鐘，讓我嘗試總結我們今天談及過的內容。讓我先開始對你說，我是多麼感謝你開放自己。我們沒有足夠時間涵蓋每一項問題的細節——例如：你跟女朋友的關係——但是聽起來以下是你主要擔心的事情：抑鬱和疲倦的感覺，失去工作，靈命枯燥，還有父親對你特別嚴苛的記憶——尤其是你不能參加欖球隊的時候。我說得對嗎？

阿占：對，都說對。謝謝你今天聽聽我的事情；我已經覺得好了一點兒。

牧者：阿占，你今天説出來的這些事情，是你真的想集中討論嗎？你還想朝向甚麼目標？你説給我知道是很重要的。

阿占：嗯，我想克服自己的抑鬱感，能夠很快找到工作。我也想弄清楚與神的關係，那麼我便可以經歷到祂像一個愛我的父親那樣。我想，自己可能需要處理過去關於我爸爸的、他怎樣對待我的痛苦。最後，如果有足夠時間，我想討論跟女朋友的關係。

牧者：像我較早提及過的，我經常發覺，人對事情的想法，對他們怎樣感覺和怎樣做的方式有很大的影響。一個抑鬱的人通常察覺到自己的思想是被扭曲成負面的。我想幫你變得更覺醒到這種想法，以及它們怎樣在以後的輔導會面中，可以把這些想法改變得更好。為了幫助我們做到這一點，我想給你一些家課，請你閱讀《正本清源話情緒》一書。這是基督教的書籍，可幫助我們改變想法。這一本你可以借回去，在下次會面前看看。你覺得在下星期再見面前，可以起碼先唸幾章嗎？

阿占：我曾經喜歡閱讀。現在有一段艱難的時間，但我還是會唸的。

牧者：讓我提議餘下四節的安排，我們會在下個星期再見面；餘下三節大概每隔三個星期一次。你覺得如何？

阿占：聽起來不錯。希望我不會耽誤你太多時間；我真的很感謝你。

牧者：完全沒問題，阿占，這正是我服事的事工。順帶一提，我們快要完了，如果一起禱告來結束，你覺得怎樣？

阿占：非常樂意。

牧者和阿占以禱告結束，約定下個星期會面。

評論：在每次會面完結前，總結在會面時間內雙方涵蓋過的主要問題，你也許覺得有用。你也可能想複習在每節會面之間的家課。

我們已經看過一節會面之中可能會進行的重要細節。現在我們會稍微更簡略地看看一些更多的會面。

第二節

第二節中，牧者開始問阿占自從上次見面後，這個星期過得怎麼樣。阿占回應說，他開始覺得好些了。牧者建議的書他唸了大半，也覺得很有用。牧者接著問阿占，那本書的哪一部分他覺得特別有用，他自己又曾怎樣應用。阿占回答，那本書幫助他看到，極端的負面思想或謬誤的信念如何助長自己的抑鬱感。他甚至開始辨別到自己心中一些具體的錯誤信念，並且挑戰它們；跟從書籍的建議，他嘗試讓聖經在過程中引導自己。

牧者然後問阿占，提供一些他辨識過的錯誤信念的具體例子。

阿占：嗯，牧師，我承認，這個星期有一次，當我對與自己失去工作而覺得心情低落的時候，我對自己說：「我一定工作不稱職。如果我是做得好的話，不會被人辭退了。他們只會解雇微不足道的員工。我現在不會有成功的事業了。我不會找到另一份工作，所以，努力嘗試有甚麼用？」我想，我對自己說了些挺負面的說話——我不明白那是怎樣發生。這本書不僅幫助我發現這些負面思想，還幫我向這些不符合事實的想法挑戰。我開始把事實告訴自己，透過提醒自己，公司其實解雇了一些我知道是很有能力的人——有些是高級管理層。所以我知道一個事實——當我想得更仔細時——我被解雇不一定代表我是不能勝任。

牧者：我很高興，你開始明白負面思想如何引致負面的感受，還有，你已經用這本書來挑戰錯誤的信念。因為你開始告訴自己事實——好像你這個例子——當你駁斥負面思想的時候，你發覺自己感覺如何？

阿占：嗯……坦白說，牧師，這稍微幫助我好了一點兒，但不是好得很多。雖然在我腦海中知道，被解雇不代表我是不好。我得要老實跟你說——我仍然難以完全感到或相信這是事實。錯誤的信念仍然很有力量似的。有時候，駁斥它們就好像玩遊戲或一些心理把戲。不覺得這是真的。

牧者：你對我那麼坦白，我很高興。我想你消除疑慮，在嘗試挑戰錯誤信念——的早期階段，有許多人正是感覺到你所描述的情況。對自己說出事實，不是有絕對的說服力。學習告訴自己事實，就像學習其他技能一樣——在感到自然之前，需要時間和練習。這像學習踏單車和駕駛汽車那樣。起初，你會覺得不舒服而產生自覺。不過最後——如果你堅持的話——會變成後天的本質。

評論：在每節會面之間做家課，「把輔導會面延伸」

到日常生活中，很多人覺得這樣做很有用。在下一節的會面時，回顧家課的進展也是重要的。

跟阿占討論更多錯誤信念後，牧者轉而說到更多有關家課——叫阿占保持使用「ABC」日誌，記錄自己的想法和感受，以及挑戰或駁斥自己的錯誤信念。他們討論如何使用日誌的例子。

如果家課是輔導的一部分，你會想肯定自己是清楚知道自己要做的部分是甚麼。有效的輔導員通常做些類似「ABC」日誌的練習，令你感受到它是如何最有效地運作。

這次會面的其餘大部分環節是牧者探討阿占對神的思想和感受。他發現，阿占希望打從心裏更認識神的愛，猶如他頭腦上的認知一樣。阿占不大經歷過神的愛。牧者也幫助阿占挑戰一些錯誤信念，關於神對他有甚麼感覺——神不再關心他了，在神的眼中他是一個失敗者。經過一些根據聖經的討論後，阿占能夠總結，神總是愛他這位兒子，儘管無論事業發生甚麼事情。阿占好像已經獲得神的恩典的更深意義。可是，阿占仍表示，在禱告生活中把神聯繫到慈愛的天父，會產生持續的困難，因為他跟自己地上的父親的關係是缺乏慈愛的影像。他們同意，在未來的會面中，需要處理神是這樣苛求的、永不滿足而缺乏愛的父親形像。

他們約定三星期後的一個日子見面，主要是因為阿占覺得自己生活得不錯，足以等候這麼長時間，而且有些家課一直幫助自己，包括閱讀《難以解釋的愛》(*Love Beyond Reason: Moving God's Love from Your Head to Your Heart*)。[1]他們接著以祈禱結束。

第三節

三週後，阿占來到第三節會面，並告訴牧者他有好消息和壞消息。好消息是上次會面後的首兩個星期，他明顯覺得好多了。他採用「ABC」日誌，覺得抑鬱少了，是這些日子以來首次覺得有希望。他甚至開始覺得神是愛自己。而壞消息是他經歷了重大的挫敗。有位舊同事最近被解雇，短短一個星期已獲兩家公司聘請，而這位同事選擇了其實比舊公司給他更多薪酬的雇主。阿占告訴牧者，這一通電話觸發了連串負面思想，他覺得自己無能，未來沒有希望，朋友找到工作了而自己可能永遠無法找到一份工作。他也明白，自己再次覺得鬱抑鬱(雖然沒有自殺念頭或計劃)。牧者開始更深入探索阿占的思想和感受，為阿占負面的自我對話及背後的基本假設，重新建構認知層面的想法。

牧者：很抱歉，聽到你的挫折，雖然首兩個星期事情好像是不錯的。讓我們用些時間，稍為更深入探索你的思想和感受。不過在這之前，我希望你明白，人有情緒高低，面對你這樣的挫敗，是非常普遍。讓我們回到探索你覺得自己無能的思想——你有甚麼證據？

阿占：這真的困擾喔。老實說，我有些工作報告，主任給我低於平均標準的評估。我申請了同事也申請的同一份工作，他打敗我，這真的使我很痛苦。這肯定了我的想法。

牧者：好，阿占。你知道自己傾向集中那些可能支持你消極地總結自己是無能的證據。但讓我們假定，你在以前的一些工作範圍裏，真的是缺乏能力。那麼，這對你有甚麼意義？

阿占：你是這樣說：「那又如何？」如果我是無能的話。這好像世界末日，我認為自己不可以這樣活下去。我一直努力說服自己，我是能幹的，現在你想我設想自己沒有能力的可能性？

牧者：阿占，你知道，我並不以為你是無能的。但我們需要去到底線，就是控制你思想方式的基本假設。聽起來，阿占，你好像有個基本假設，你必須能幹，生命才值得活下去。換句話說，如果你是無能，就很糟糕，不可忍受，這是世界末日的來臨。

阿占：我猜想，你觸及到我心深處的核心思想和感受。

牧者：還可以有另一種看法。雖然在某些地方不能勝任，可能令你很痛苦和不方便，但這不是糟糕、不可忍受或甚至世界末日。每個人總有不足之處。除此之外，能力不是我們作為人或活下去的價值基礎。我們要再次歸回原處，阿占，這便是神是愛我們的、祂的恩典終生受用的事實，祂接納這樣子的我們。

阿占：好，我猜我明白你的意思，不過要一些時間領會。我假定，如果我不能勝任某些事情，這不是世界末日。我認為，假設癱瘓的人或精神不健全人士因為在某些地方缺乏能力而不配活下去，這樣說是不公平的。再次，牧師，我經歷到一些神的愛和恩典。但我仍然覺得有些障礙——我想是我爸爸的緣故。

牧者：謝謝你說出來，阿占。有一種叫做內在醫治禱告的方法，幫助人去醫治記憶，下次我們會面時採用，可能會對我們有幫助。讓我簡略解釋這種禱告的步驟。還有，我希望你閱讀大衛．席蒙得（David Seamands）的《記憶治療》（*Healing of Memories*）。[2]

評論：挫敗對抑鬱症患者來說是非常普遍的，挫折不代表他們是失敗，他們需要有這樣的保證。可是，我們要更深入探討那些挫折，因為通常還要必須引出、確認和甚至挑戰其他隱藏的假設。牧者在這時幫助阿占看到他對能力的想法背後，是有「如果他沒有能力，生命不值得活下去」的基本假設。換句話說，能力是他建立價值的基礎。牧者藉著問「那又如何」的問題，不過用溫婉的用語表達（這對你有甚麼意義……），幫助阿占明白這一點。

牧者也向阿占指出，神的愛和恩典才是生命意義與自我價值的終極根源，而不是其他諸如「能力」那樣的標準。神的恩典和愛通常不是抑鬱症患者所能經驗到的，他們需要好像內在醫治禱告的介入來指引。在阿占的個案中，很明顯，他過往的障礙是可以倚靠內在醫治禱告而摒除，接著，牧者提議未來會面的禱告和閱讀家課。

阿占對這些建議有正面回應，他同意閱讀那本書。他們決定三週後進行第四節輔導。

在牧者與阿占結束祈禱前，牧者用幾分鐘提及到阿占生命中的另一些地方。他提醒阿占一些在行為上有助處理抑鬱症的步驟：每週運動三次，繼續出席教會聚會，嘗試每天定時起牀，繼續找工作，打電話給一些熟朋友以獲支持。他鼓勵阿占繼續多次祈禱。牧者提醒阿占，在輔導完結前，還有兩節會面次數。

第四節

阿占進來，向牧者說出這三個星期的新進展。阿占每週散步三至四次，隨著身體感覺不錯，情緒也好些了。這令他更容易保持每天早上在固定時間起牀。他也繼續申請工作。雖然申請而得不到工作使他很痛苦，這卻給他繼續有機會，努力駁斥有關舊假設的想法——工作能力不是叫生命有價值的惟一原因。一天他心情特別低落，打電話給幾個熟朋友，阿占記述，這些通電很有幫助，因為他的朋友十分支持自己，也因為自己採取了主動的一步，不光是呆坐等待抑鬱症離開。他說，他繼續參與教會聚會，但這不是太有用，因為覺得神又遠又缺乏關心。牧者問他覺得那本《記憶治療》如何。

阿占：我唸了席蒙得的書，很有益和有趣。我覺得內在醫治禱告在我的情況會挺有用。我們今天可以試試嗎？

牧者：好，我準備今天嘗試，就像上次我們討論過那樣，只要你願意和覺得自己準備好這樣做的話。正如你所知道，這需要一些時間，所以，不如我們以內在醫治禱告，來集中關於你父親的個別記憶？你想集中甚麼特殊的回憶？

阿占：我想到的一段是我被趕出欖球隊，我爸向我大叫，我開始哭。

牧者：我記得。讓我們現在開始內在醫治禱告。我先開始祈禱。

評論：牧者開始時先回顧自上次會面後發生了甚麼。他注意到阿占的進展，繼而查問家課的情況。以行為來處理抑鬱症的策略扮演了重要角色——定期運動，聯絡朋友及其他活動。阿占持續掙扎與神的關係，經歷神遠離自己，這些經驗給了他們一道自然的橋梁，通往在前一節討論過的內在醫治禱告。在回應牧者的要求時，阿占提供過往的一段特殊記憶，以備作內在醫治禱告之用。牧者接著帶領阿占進行前文論述內在醫治禱告的七項步驟：開始時祈求引領、醫治和保護；放鬆；運用牧者指導的意像或想像，釋放痛苦創傷的經歷；祈求聖靈的醫治與幫助；然後問阿占經歷和感受了甚麼；牧者和阿占結束祈禱；最後，結束這一節前，有一段聽取和討論的時間。

對於阿占來說，內在醫治禱告是帶來力量的一步。結束禱告後，牧者聽取阿占的經驗，阿占對於與神的關係愈來愈親密，而覺得現在更有信心了。他同意把內在醫治禱告加入自己的個人禱告生活裏。

結束這節輔導前，牧者跟阿占還探討另一項阿占想討論的題目：他與女朋友的關係。阿占決定在最後一節見牧者的輔導前，打電話給女朋友，談談彼此繼續下去的關係，儘管她說過想分手。阿占認識到，自己比想像中更開放自己向女朋友作出承諾。現在很清楚，阻擾承諾的障礙是在於阿占對自己不稱職和不勝任於自己的工作。

他們安排下節輔導在下月進行，牧者提醒阿占下次就是最後一節。他問阿占對於將近結束有甚麼感覺。阿占說，這些輔導一直對他有幫助，雖然快要完結使他有點傷感，卻覺得自己有足夠信心，可以靠自己和朋友的支持而繼續進步。

牧者和阿占也決定，阿占不需要轉介給專業人士幫助。可是，牧者實行另一項「轉介」：他鼓勵阿占參加教會的一個小組。這會幫助阿占發展更深的關係，幫助他的靈命成長以及更有能力接納神的愛。阿占正面回應這項轉介。

第五節

四星期後，阿占來到最後一節輔導，明顯更精神爽利。他笑多了，對於得到牧者一直的協助，表達謝意。他告訴牧者，上個月自己抑鬱少了，也多了些精力。他已經持續定期運動或散步，跟熟朋友保持聯絡。他亦首次出席教會小組，也說這對他有幫助。他甚至有兩次機會跟女朋友見面，討論他們未來的關係。他們決定不分手，因為他對於作出婚姻承諾變得開放。他申請了幾份工作，雖然仍然沒有人聘請自己，他依然預約了下個星期有幾次面試。他覺得這樣不錯，但也注意到事業或工作不再是自我價值的基礎。

他也在禱告中經歷到與神更加親密的關係。他運用內在醫治禱告的策略，這樣做帶來顯著的好處。整體來說，他現在覺得對將來更有希望，也知道自己對神也增加多了些信心。他也準備努力原諒父母，認識到饒恕與復和是醫治過程的重要部分。牧者推介兩本書，史密德的《饒恕與忘卻》和《接納——走出羞愧的陰影》(*Shame and Grace*) 。[3]

這時候，牧者與阿占花了相當多的時間總結他們的努力。完成後，還有一個最後的問題阿占想簡略提及。

阿占：另一條問題是關於我女朋友的。雖然我們不大談及這方面，但我覺得自己更有準備去面對承諾的問題。至少，我現在跟她說過，所以我覺得要面對這一點。我不想失去她。

牧者：在結束前，你還有其他關心的問題想帶出來嗎？

阿占：真的沒有。除了要多謝你以外。現在我覺得自己很不同了。

牧者：很高興可以跟你一起努力面對。希望你繼續運用我們試過的方法——可以肯定，生命仍然會有高低！雖然我們今天結束，我希望你明白，如果你有需要再聯絡我的話，請隨時找我。還有，當我在教會不時碰見你的時候，會看看你、問候你的近況——當然不會在大家面前，我不會使你尷尬——如果你認為這樣是沒問題的話。

阿占：這樣不錯，我不介意。

牧者：讓我們以禱告來結束。

評論：牧者與阿占開始時，複檢整個牧養輔導的過程。在前一節，阿占獲轉介到教會的一個小組，牧者以鼓勵阿占繼續參與作為跟進。藉此，牧者明智地引入教會資源來幫助阿占。他沒有把牧養輔導，從作為醫治社羣的教會生活分割開來，牧者沒有犯上截然劃分的錯誤。雖然阿占與牧者的會面結束了，牧者與信徒的關係，當然會維持下去。

縱使不是每個人跟抑鬱症掙扎的情況，都會完全像阿占那樣(抑鬱症就如紛飛雪花，總是片片獨特的)，本章描述如何妥善處理抑鬱症的原則與策略，幾乎可以幫助到所有對抗抑鬱症的患者。開始時，先對你自己應用這些策略，請記得你不是孤單的。有需要的話，別猶疑，儘快尋求牧者或心理健康專家的協助。最重要的是，銘記神是與你同在的，藏於最深處的憂鬱也不能阻擋你觸摸到神的愛。[4]

註釋：

1. J. Ortberg, *Love Beyond Reason: Moving God's Love from Your Head to Your Heart* (Grand Rapids: Zondervan, 1998).
2. D. Seamands, *Healing of Memories* (Wheaton: Victor, 1985), Republished as *Redeeming the Past*, 2002.
3. L. Smedes, *Forgive and Forget* (New York: Harper & Row, 1984); L. Smedes, *Shame and Grace* (San Francisco: Harper Collins, 1993).
4. J. Ortberg, *Love Beyond Reason: Moving God's Love from Your Head to Your Heart* (Grand Rapids: Zondervan, 1998); J. Ortberg, *If You Want to Walk on Water, You've Got to Get Out of the Boat* (Grand Rapids: Zondervan, 2001); L. Crabb, *Shattered Dreams* (Colorado Springs, Colo.: WaterBrook, 2001); L. Crabb, *The Pressure's Off* (Colorado Springs, Colo.: WaterBrook, 2002); S. Y. Tan, *Rest: Experiencing God's Peace in a Restless World* (Vancouver, B. C.: Regent College, 2003).

參考書目

American Psychiatric Association. 1994. *Diagnostic and Statistical Manual of Mental Disorders.* 4th ed. Washington, D.C.: American Psychiatric Association.

______. 2000. *Diagnostic and Statistical Manual of Mental Disorders.* 4th ed., text revision. Washington, D.C.: American Psychiatric Association.

Backus, W., and M. Chapian. 1980. *Telling Yourself the Truth.* Minneapolis: Bethany House.

Basco, M. R., and A. J. Rush. 1996. *Cognitive-Behavioral Therapy for Bipolar Disorder.* New York: Guilford.

Beach, S. R. H., E. E. Sandeen, and K. D. O'Leary. 1990. *Depression in Marriage: A Model for Etiology and Treatment.* New York: Guilford.

Beck, A. T., A. J. Rush, B. F. Shaw, and G. Emery. 1979. *Cognitive Therapy of Depression.* New York: Guilford.

Benner, D. 1992. *Strategic Pastoral Counseling.* Grand Rapids: Baker.

______. 2003. *Strategic Pastoral Counseling.* 2nd ed. Grand Rapids: Baker.

Biebel, D. B., and H. G. Koenig. 2004. *New Light on Depression.* Grand Rapids: Zondervan.

Broida, M. 2001. *New Hope for People with Depression.* Roseville, Calif.: Prima.

Buie, J. 1988. "Me" decades generate depression. *American Psychological Association Monitor* (October): 18.

Burns, D. 1980. *Feeling Good.* New York: Signet.

Chambless, D., and T. Ollendick. 2001. Empirically supported psychological interventions: Controversies and evidence. *Annual Review of Psychology* 52: 685~716.

Collins, G. R. 1988. *Christian Counseling: A Comprehensive Guide.* Rev. ed. Dallas: Word.

Copeland, M. E. 2001. *The Depression Workbook.* 2nd ed. Oakland, Calif.: New Harbinger.

Crabb, L. 1977. *Effective Biblical Counseling.* Grand Rapids: Zondervan.

______. 1987. *Understanding People.* Grand Rapids: Zondervan.

______. 1988. *Inside Out.* Colorado Springs, Colo.: NavPress.

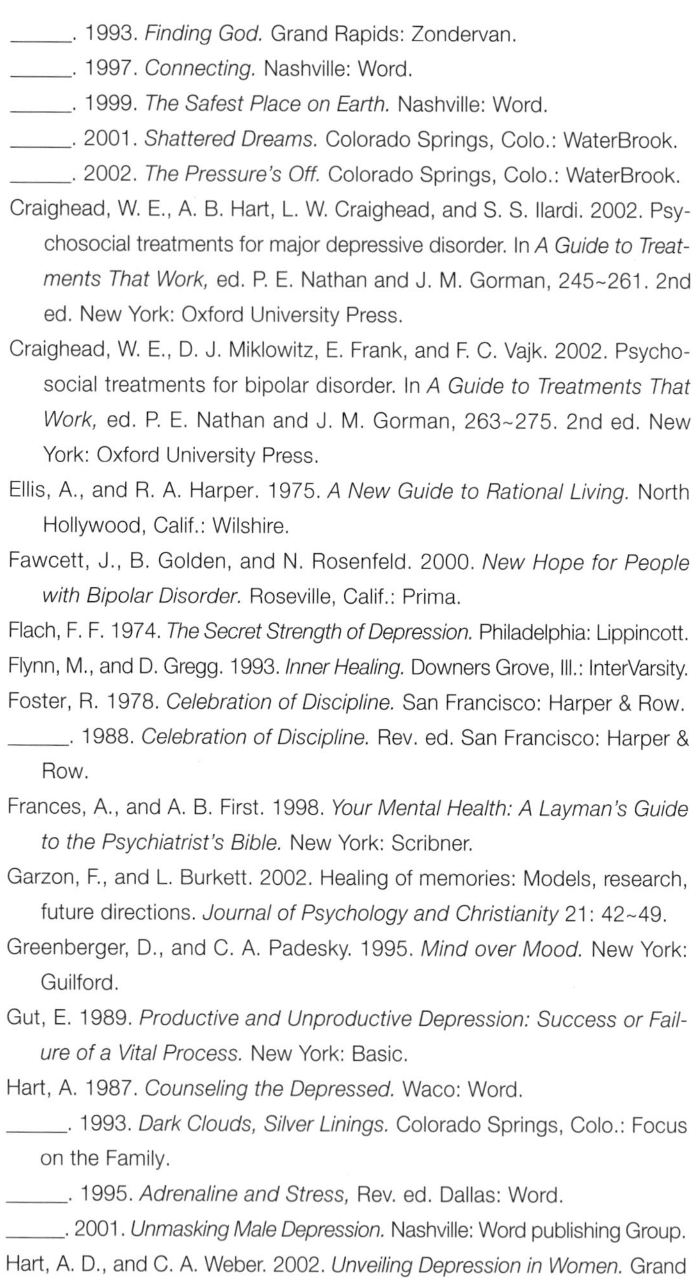

______. 1993. *Finding God.* Grand Rapids: Zondervan.

______. 1997. *Connecting.* Nashville: Word.

______. 1999. *The Safest Place on Earth.* Nashville: Word.

______. 2001. *Shattered Dreams.* Colorado Springs, Colo.: WaterBrook.

______. 2002. *The Pressure's Off.* Colorado Springs, Colo.: WaterBrook.

Craighead, W. E., A. B. Hart, L. W. Craighead, and S. S. Ilardi. 2002. Psychosocial treatments for major depressive disorder. In *A Guide to Treatments That Work,* ed. P. E. Nathan and J. M. Gorman, 245~261. 2nd ed. New York: Oxford University Press.

Craighead, W. E., D. J. Miklowitz, E. Frank, and F. C. Vajk. 2002. Psychosocial treatments for bipolar disorder. In *A Guide to Treatments That Work,* ed. P. E. Nathan and J. M. Gorman, 263~275. 2nd ed. New York: Oxford University Press.

Ellis, A., and R. A. Harper. 1975. *A New Guide to Rational Living.* North Hollywood, Calif.: Wilshire.

Fawcett, J., B. Golden, and N. Rosenfeld. 2000. *New Hope for People with Bipolar Disorder.* Roseville, Calif.: Prima.

Flach, F. F. 1974. *The Secret Strength of Depression.* Philadelphia: Lippincott.

Flynn, M., and D. Gregg. 1993. *Inner Healing.* Downers Grove, Ill.: InterVarsity.

Foster, R. 1978. *Celebration of Discipline.* San Francisco: Harper & Row.

______. 1988. *Celebration of Discipline.* Rev. ed. San Francisco: Harper & Row.

Frances, A., and A. B. First. 1998. *Your Mental Health: A Layman's Guide to the Psychiatrist's Bible.* New York: Scribner.

Garzon, F., and L. Burkett. 2002. Healing of memories: Models, research, future directions. *Journal of Psychology and Christianity* 21: 42~49.

Greenberger, D., and C. A. Padesky. 1995. *Mind over Mood.* New York: Guilford.

Gut, E. 1989. *Productive and Unproductive Depression: Success or Failure of a Vital Process.* New York: Basic.

Hart, A. 1987. *Counseling the Depressed.* Waco: Word.

______. 1993. *Dark Clouds, Silver Linings.* Colorado Springs, Colo.: Focus on the Family.

______. 1995. *Adrenaline and Stress,* Rev. ed. Dallas: Word.

______. 2001. *Unmasking Male Depression.* Nashville: Word publishing Group.

Hart, A. D., and C. A. Weber. 2002. *Unveiling Depression in Women.* Grand Rapids: Revell.

Hyder, O. Q. 1979. *Shape Up.* Old Tappan, N. J.: Revell.

Jamison, K. R. 1999. *Night Falls Fast: Understanding Suicide.* New York: Knopf.

Johnson, S. L., and R. L. Leahy, eds. 2004. *Psychological Treatments of Bipolar Disorder.* New York: Guilford.

Kennedy, E., and S. C. Charles. 1990. *On Becoming a Counselor.* Expanded ed. New York: Continuum.

Klerman, G. L., M. M. Weissman, B. J. Rounsaville, and E. S. Chevron. 1984. *Interpersonal Psychotherapy of Depression.* New York: Basic.

Klosko, J. S., and W. C. Sanderson. 1999. *Cognitive-Behavioral Treatment of Depression.* Northvale, N. J.: Jason Aronson.

Kruis, J. G. 2000. *Quick Scripture Reference for Counseling.* 3rd ed. Grand Rapids: Baker.

Lam, D. H., S. H. Jones, P. Hayward, and J. A. Bright. 1999. *Cognitive Therapy for Bipolar Disorder: A Therapist's Guide to Concepts, Methods, and Practice.* Chichester, U. K.: Wiley.

Lewinsohn, P. M., R. F. Munoz, M. A. Youngren, and A. M. Zeiss. 1992. *Control Your Depression.* New York: Fireside/ Simon and Schuster.

Lloyd-Jones, M. 1965. *Spiritual Depression.* Grand Rapids: Eerdmans.

Lyles, M. R. 2001. Will the real mood stabilizer please stand up? *Christian Counseling Today* 9(3): 60~61.

Maj, M., H. S. Akiskal, J. J. Lopez-Ibor, and N. Sartorius, eds. 2002. *Bipolar Disorder.* New York: Wiley.

Manchester, W. 1983. *The Last Lion: Winston Spencer Churchill.* New York: Dell.

Martell, C. R., M. E. Addis, and N. S. Jacobson. 2001. *Depression in Context: Strategies for Guided Action.* New York: Norton.

McCullough, J. P. 2000. *Treatment of Chronic Depression: Cognitive Behavioral Analysis System for Psychotherapy.* New York: Guilford.

McGrath, E. 1992. *When Feeling Bad Is Good.* New York: Henry Holt.

McGrath, E., G. P. Keita, B. Strickland, and N. F. Russo, eds. 1990. *Women and Depression.* Washington, D. C.: American Psychological Association.

McMinn, M. 1991. *Cognitive Therapy Techniques in Christian Counseling.* Dallas: Word.

Meier, P., S. Aterburn, and F. Minirth. 2001. *Mood Swings.* Nashville: Nelson.

Miklowitz., D. J. 2002. *The Bipolar Disorder Survival Guide.* New York: Guilford.

Miklowitz, D. J., and M. J. Goldstein. 1997. *Bipolar Disorder: A Family-Focused Treatment Approach.* New York: Guilford.

Miller, P. A. 2002. *Quick Scripture Reference for Counseling Women.* Grand Rapids: Baker.

Minirth, F., and P. Meier. 1994. *Happiness is a Choice.* 2nd ed. Grand Rapids: Baker.

Nagel, P. 1983. *Descent from Glory.* New York: Oxford University Press.

National Institute of Mental Health (NIMH). 1999. *The Numbers Count* (NIH Publication No. NIH 99~4584) [online]. Available: http://www.NIMH.NIH.gov/publicat/members.CFM

Newman, C. F., R. L. Leahy, A. T. Beck, N. A. Reilly-Harrington, and L. Gyulai. 2002. *Bipolar Disorder: A Cognitive Therapy Approach.* Washington, D. C.: American Psychological Association.

Ortberg, J. 1998. *Love Beyond Reason: Moving God's Love from Your Head to Your Heart.* Grand Rapids: Zondervan.

______. 2001. *If You Want to Walk on Water, You've Got to Get Out of the Boat.* Grand Rapids: Zondervan.

______. 2002. *The Life You've Always Wanted: Spiritual Disciplines for Ordinary People.* Expanded ed. Grand Rapids: Zondervan.

______. 2003. *Everybody's Normal Till You Get to Know Them.* Grand Rapids: Zondervan.

Owens, V. S. 1993. The dark side of grace. *Christianity Today* (July): 32~35.

Papolos, D., and J. Papolos. 1992. *Overcoming Depression.* Rev. ed. New York: Harper Perennial.

______. 1997. *Overcoming Depression.* 3rd ed. New York: HarperCollins.

______. 1999. *The Bipolar Child.* New York: Broadway Books.

Payne, L. 1991. *Restoring the Christian Soul: Overcoming the Barriers to Completion in Christ through Healing Prayer:* Grand Rapids: Baker.

Persons, J. B., J. Davidson, and M. A. Tompkins. 2001. *Essential Components of Cognitive-Behavior Therapy for Depression.* Washington, D. C.: American Psychological Association.

Podell, R. M., and P. Shimer. 1992. *Contagious Emotions.* New York: Pocket Books.

Propst, L. R. 1988. *Psychotherapy in a Religious Framework: Spirituality in the Emotional Healing Process.* New York: Human Sciences.

Regier, D. A., R. D. A. Hirschfeld, F. K. Goodwin, J. D. Burke Jr., J. B. Lazar, and L. L. Judd. 1988. The NIMH depression awareness, recognition, and treatment program: Structure, aims, and scientific basis. *American Journal of Psychiatry* 145: 1351~1357.

Robins, C. J., and A. M. Hayes. 1993. An appraisal of cognitive therapy. *Journal of Consulting and Clinical Psychology* 61(2): 205~214.

Rosenthal, N. E. 1993. *Winter Blues: Seasonal Affective Disorder. What It Is and How to Overcome It.* New York: Guilford.

Ross, H. M., and J. Roth. 1990. *The Mood-Control Diet.* New York: Prentice Hall.

Ross, J. 2002. *The Mood Cure.* New York: Viking.

Sanders, R. K., and H. N. Malony. 1985. *Speak Up! Christian Assertiveness.* Philadelphia: Westminster.

Sapsted, A. M. 1990. *Banish Post-Baby Blues.* Wellingborough, Northamptonshire: Thorsons.

Scott, J. 2001. *Overcoming Mood Swings.* New York: New York University Press.

Seamands, D. 1985. *Healing of Memories.* Wheaton: Victor. Republished 2002 as *Redeeming the Past.*

Seligman, M. E. P. 1975. *Helplessness: On Depression, Development, and Death.* San Francisco: Freeman.

______. 1990. *Learned Optimism.* New York: Knopf.

Sider, R. 1993. Winter depression. *Christian Counseling Today* 1(1): 46.

Smedes, L. 1984. *Forgive and Forget.* New York: Harper & Row.

______. 1993. *Shame and Grace.* San Francisco: HarperCollins.

Stamford, B. A., and P. Shimer. 1990. *Fitness without Exercise.* New York: Warner.

Stoll, A. L. 2001. *The Omega-3 Connection.* New York: Simon & Schuster.

Storr, A. 1988. *Solitude: A Return to the Self.* New York: Ballantine.

Sue, D. W., and D. Sue. 2003. *Counseling the Culturally Diverse.* 4th ed. New York: Wiley.

Tan, S. Y. 1987. Cognitive-behavior therapy: A biblical approach and critique. *Journal of Psychology and Theology* 15: 103~112.

______. 1989. Psychopathology and culture: The Asian American context. *Journal of Psychology and Christianity* 8(2): 61~75.

______. 1991. *Lay Counseling: Equipping Christians for a Helping Ministry.* Grand Rapids: Zondervan.

______. 1992. The Holy Spirit and counseling ministries. *The Christian Journal of Psychology and Counseling* 7(3): 8~11.

______. 1996. Religion in clinical practice: Implicit and explicit integration. In *Religion and the Clinical Practice of Psychology,* ed. E. Shafranske, 365~387. Washington, D. C.: American Psychological Association.

______. 2001. Empirically supported treatments. *Journal of Psychology and Christianity* 20: 282~286.

______. 2003. *Rest: Experiencing God's Peace in a Restless World.* Vancouver, B. C.: Regent College.

Tan, S. Y., and N. J. Dong. 2000. Psychotherapy with members of Asian American churches and spiritual traditions. In *Handbook of Psychotherapy and Religious Diversity,* ed. P. S. Richards and A. E. Bergin, 421~444. Washington, D. C.: American Psychological Association.

Tan, S. Y., and D. H. Gregg. 1997. *Disciplines of the Holy Spirit.* Grand Rapids: Zondervan.

Tan, S. Y., and W. B. Johnson. 2004. Cognitive-behavioral approach. In *Spiritually-Oriented Psychotherapy: Contemporary Approaches,* ed. L. Sperry and E. Shafranske. Washington, D. C.: American Psychological Association.

Thomas, B. 1952. *Abraham Lincoln.* New York: Knopf.

Torrey, E. F., and M. B. Knable. 2002. *Surviving Manic Depression.* New York: Basic.

Thurman, C. 1989. *The Lies We Believe.* Nashville: Nelson.

Weissman, M. M., J. C. Markowitz, and G. L. Klerman. 2000. *Comprehensive Guide to Interpersonal Psychotherapy.* New York: Basic.

Whybrow, P., and R. Bahr. 1988. *The Hibernation Response.* New York: Arbor House, William Morrow.

Willard, D. 1988. *The Spirit of the Disciplines.* San Francisco: Harper & Row.

Worthington, E. L., Jr. 2001. *Five Steps to Forgiveness: The Art and Science of Forgiving.* New York: Crown.

______. 2003. *Forgiving and Reconciling: Bridges to Wholeness and Hope.* Downers Grove, Ill.: InterVarsity.

Worthington, E. L., Jr., and S. J. Sandage. 2001. Religion and spirituality. *Psychotherapy* 38: 473~478.

Wright, H. N. 1986. *Self-Talk, Imagery, and Prayer in Counseling.* Waco: Word.

______. 1988. *Beating the Blues.* Ventura, Calif.: Regal.